Lodovico Dolce, Cajetan Cerri, Rudolf von Eitelberger von Edelberg

Aretino oder Dialog über Malerei

Lodovico Dolce, Cajetan Cerri, Rudolf von Eitelberger von Edelberg

Aretino oder Dialog über Malerei

ISBN/EAN: 9783744630368

Hergestellt in Europa, USA, Kanada, Australien, Japan

Cover: Foto ©Thomas Meinert / pixelio.de

Weitere Bücher finden Sie auf **www.hansebooks.com**

ARETINO

ODER

DIALOG ÜBER MALEREI

VON

LODOVICO DOLCE.

QUELLENSCHRIFTEN

FÜR

KUNSTGESCHICHTE

UND

KUNSTTECHNIK DES MITTELALTERS

UND DER

RENAISSANCE

mit Unterstützung des k. k. österr. Ministeriums für Cultus und Unterricht,
im Vereine mit Fachgenossen herausgegeben

von

R. EITELBERGER v. EDELBERG.

II.

ARETINO

ODER DIALOG ÜBER MALEREI VON L. DOLCE, ÜBERSETZT VON CAJETAN CERRI,
MIT EINLEITUNG, NOTEN UND INDEX VERSEHEN VON R. EITELBERGER
v. EDELBERG.

WIEN, 1871.

WILHELM BRAUMÜLLER

K. K. HOF- UND UNIVERSITÄTSBUCHHÄNDLER.

ARETINO

ODER

DIALOG ÜBER MALEREI

VON

LODOVICO DOLCE.

Nach der Ausgabe vom Jahre 1557 aus dem Italienischen übersetzt

VON

CAJETAN CERRI.

MIT EINLEITUNG, NOTEN UND INDEX VERSEHEN

von

R. EITELBERGER v. EDELBERG.

WIEN, 1871.
WILHELM BRAUMÜLLER
K. K. HOF- UND UNIVERSITÄTSBUCHHÄNDLER.

Digitized by the Internet Archive
in 2013

http://archive.org/details/aretinooderdialo00dolc

LODOVICO DOLCE.

Ueber Tizian haben, wie die Herausgeber der Le Monier'schen Ausgabe Vasari's bemerken, nur zwei Zeitgenossen selbstständig geschrieben, Giorgio Vasari und Lodovico Dolce. An diese reiht sich Pietro Aretino an, in dessen Briefen sich ein reiches Materiale über Tizian vorfindet. Giorgio Vasari und Pietro Aretino sind als Quellenschriften über Tizian vielfach benützt; sehr wenig, fast gar nicht hingegen ist Lodovico Dolce bekannt. Erst in dem soeben erschienenen Werke „A history of painting in North Italy" von J. A. Crowe und G. B. Cavalcaselle finden wir L. Dolce entsprechend gewürdigt.

Nicht blos innere Gründe machen es uns erklärlich, warum L. Dolce bei Seite gelegt wurde; auch manch äussere treten hinzu. Die Originalausgabe der Schrift L. Dolce von Jahre 1557 gehörte bereits im vorigen Jahrhunderte zu den bibliographischen Seltenheiten; auch die Florentiner Ausgabe vom Jahre 1735, wie der Mailänder Ausgabe von 1863 sind nicht häufig in Bibliotheken zu finden. Zwar existiren von L. Dolce englische, französische Uebersetzungen; aber auch diese sind wenig bekannt; die deutsche Uebersetzung vom Jahre 1759 ist gänzlich verschollen. Da es nun ausserordentlich wichtig ist, einen Zeitgenossen Tizian's über Malerei sprechen zu hören, der nicht blos seine eigenen Ideen wiedergiebt, sondern gewissermassen als Sprachrohr P. Aretino's, des intimen Freundes Tizian's, zu betrachten ist, so hoffen wir, dass die Herausgabe des Dialoges l'Aretino von L. Dolce, Freunden der Kunstgeschichte Venedigs willkommen sein wird. Allerdings empfangen wir aus dieser Schrift keinen reinen Eindruck; alle Eigenthümlichkeiten und Schwächen der italienischen Prosaiker des sechzehnten Jahrhundertes muss man bei der Lectüre derselben mit in den Kauf nehmen. Aber wir haben dagegen den Vortheil, in den Gedankenkreis, die geistige Atmosphäre der Zeit Tizian's einzutreten, ungetrübt von allem modernen Beigeschmacke, von der künstlerischen und ästhetischen Rede- und Reflexionsweise unserer Zeit, und lernen die Gesichtskreise würdigen, von denen man damals in den geistreichen und gelehrten Zirkeln Venedigs ausgegangen ist.

L. Dolce wurde in Venedig im Jahre 1508 geboren. Seinen Vater Fantino, Gastaldo della Procuratie, „onoratissimo Officio a Cittadini" verlor er in einem Alter von zwei Jahren. Die Familien Loredan[1]) und Cornaro nahmen sich des Kindes an. Es wurde ihm möglich, in Padua seine Studien zu machen. Von der Fachschule zurückgekehrt, ging er aber nicht wie seine Vorfahren in öffentliche Dienste, sondern widmete sich dem Unterrichte, trat als Corrector in die Druckerei der Giovanni und Gabriele Giolito, und führte das Leben eines unermüdlich thätigen und übermässig fruchtbaren Schriftstellers. Er versuchte sich als Uebersetzer, wie als Dichter, Historiker und Schöngeist. E. A. Cicogna, der dem Leben und den Schriften

---

[1]) Leonardo Loredano; Doge von Venedig, vom 3. Oct. 1501 bis 22. Juni 1521 — an welchem Tage L. Loredan 90 Jahre alt starb — gehört einer alten patrizischen Familie Venedigs an. In seine Zeit fällt die Liga von Cambrai, und 1609 die Schlacht von Ghiaradada, welche Tizian in einem seiner Zeit berühmten Gemälde verherrlicht hat. Das Gemälde selbst ging bei der Feuersbrunst des Dogenpalastes vom J. 1577 zu Grunde. L. Loredan wurde zu S. Giovannie Paaoo begraben. Ihm folgten in der Dogenwürde Ant. Grimani 1521—1523, Andrea Gritti 1523—1538, Pietro Lando von 1539 bis 1545, Franc. Donato 1545—1553, Marc. Ant. Trevisani 1553—1554, Francisco Veniero 1554—1556.

L. Dolce's in den Denkschriften des Istituto Veneto[1]) eine ausführliche Biografie widmet, führt von ihm nicht weniger als 112 Schriften auf, darunter 45 Uebersetzungen, 16 Dichtungen und 20 Originalschriften in Prosa. Dass sich Dolce dadurch den Ruf eines Vielschreibers erwarb, wird wohl Niemand auffallen. Grosse Belesenheit, eine umfassende Kenntniss der ital. und latein. Literatur wird man ihm aber nicht abstreiten können. Der griechischen Sprache war er unkundig; die Uebersetzungen nach Euripides, Appian, Philostrat u. A. waren nach lateinischen Bearbeitungen gemacht. Mehrere Uebersetzungen des Euripides wurden mit Beifall aufgeführt, insbesonders die Jokaste. Einige seiner Uebersetzungen lateinischer Autoren sind nicht Uebersetzungen im Sinne der modernen Zeit, sondern freiere Bearbeitungen. Um die Herausgabe Ariosto's, Dante's, des Decamerone von Boccaccio, des Petrarca, des Cortigiano von Bald. Castiglione und der Rime der Vittoria Colonna hat sich L. Dolce Verdienste erworben. Diese seine Thätigkeit als Herausgeber und Commentator stund mit seiner Stellung zur Druckerei Gioliti in Verbindung, die ganz anders beurtheilt werden muss, als es bei den Correctoren heutiger Druckereien der Fall ist. Er kam in Folge dieser seiner Stellung vielfach in Streit mit Ruscelli, dem sprachkundigen Corrector der Druckerei des Rivalen der Gioliti, des Valgrisi.

Ueber L. Dolce als Dichter haben wir keine Veranlassung, uns hier auszusprechen. Seine Briefliteratur ist hingegen von höherer Bedeutung. Er stund mit den hervorragendsten Persönlichkeiten seiner Zeit in brieflichem Verkehre, mit Pietro Bembo, Fr. Sansovino, Orazio Brunetti, Aless. Contarini, Paolo Manutio, Paolo Crivelli, Fortunato Martinengo, G. A. Claria, dem Goldarbeiter Gasparo u. a. m. Sie finden sich zumeist in der Raccolta der Briefe von Dolce v. J. 1554, v. B. Pino Venezia 1574,

---

[1]) Memorie dell' i. r. Istituto Veneto di scienze, lettere ed arti. Venezia. 1862. Vol. XI. p. 93—200.

abgedruckt. Unter den Künstlerbriefen nehmen drei Briefe eine hervorragende Stellung ein; in dem Schreiben an Aless. Contarini beschreibt er das Gemälde Tizian's „Venus und Adonis" gemalt für den König von England. Dieser Brief, sowie das Schreiben Dolce's an Messer Gasparo Ballini finden sich auch in der Sammlung von Bottari. Das dritte Schreiben ist an Tizian gerichtet. Wir bringen die Uebersetzung sämmtlicher drei Briefe im Anhange.

Dialoge hat Dolce mehrere geschrieben. Diese Form literarischer Production war damals eine vielfach beliebte; man nahm Lucian oder Platon zum Vorbilde. Mit Kunst beschäftigen sich nur zwei. Einer davon führt den Titel „Dialogo di M. Lodovico Dolce, nel quale si ragiona della qualità, diversità e proprietà dei colori. In Venezia appresso Giambatista Marchio Sessa e fratelli MDLXV." Diese Schrift, mit vielfacher Benützung des Werkchens de coloribus von Ant. Tilesio behandelt die Farbenlehre, — wie Cicogna bemerkt, mehr im allegorischen Sinne, als in künstlerischem, mit besonderer Berufung auf das, was in Plinius und anderen Klassikern über Farben vorkömmt.

Wichtiger ist der Dialog, den wir in der deutschen Uebersetzung des sprachgewandten Dichters in deutscher und italienischer Sprache des Hr. Cajetan Cerri in Wien herausgeben. Er führt den Titel „Dialogo della Pittura di M. Lodovico Dolce, intitolato l'Aretino, nel quale si ragiona della dignità di essa pittura, e di tutte le parti necessarie, che a perfetto pittore si convengono, con esempi di pittori antichi e moderni; e nel fine si fa menzione delle virtù e delle opere del divino Tiziano. In Venezia appresso Gabriel Giolito de Ferrari M. DLVII." Dieser Dialog wurde im Jahre 1735 in Florenz nachgedruckt, mit einer Einleitung und französischen Uebersetzung aus der Feder des französischen Malers Cav. Nicol. Vleugels (Veugles [1]).

---

[1] N. Vleugels, Sohn des Malers Phil. Vl., starb zu Rom am 10. Dec. 1737. Er war daselbst seit 1724 Director der franz. Akademie.

Leider erfahren wir in der sehr breiten Einleitung wenig über Dolce und die venetianische Malerei; dafür hat Hr. Vleugels die Errata-corrige vergessen, die am Schlusse der Originalausgabe verzeichnet sind. Eine holländische Uebersetzung wurde durch Jacobus de Jongh, Amsterdam, bei Gerrit du Groot 1756 besorgt. Eine deutsche Uebersetzung erschien im Jahre 1759, als erster Band der „Sammlung vermischter Schriften zur Beförderung der schönen Wissenschaften". Die englische Uebersetzung, von M. Browne erschien London 1770 8⁰. Im Jahre 1863 erschien in Mailand bei Daelli eine neue Ausgabe des Dialogo.

Der Auffassung seiner Zeit folgend, zergliedert Dolce in diesem Dialoge nach den üblichen Categorien der Erfindung, der Zeichnung und des Colorites Rafael, Michel Angelo und Tizian mit Feinheit, nicht ohne Streiflichter auf einige andere hervorragende Künstler, insbesonders auf Giorgione, zu werfen. Es ist in hohem Grade wahrscheinlich, dass dieser Dialog direct von Tizian und Pietro Aretino beeinflusst wurde. Wie weit aber der Einfluss des einen oder des anderen geht, lässt sich mit Sicherheit wohl kaum feststellen. Jacopo Morelli, der gelehrte und kunstverständige Bibliothekar der Marciana, bemerkt in dem Exemplar der Marciana „Man glaubt, dass der Dialog über Malerei des Dolce im Einverständniss mit Tizian verfasst sei, weil er darin mehr gelobt ist, als Rafael und Michel Angelo, und Giacomo Carrara schreibt im Jahre 1768 an Giov. Bottari, mit Rücksicht auf die über Michel Angelo gemachten Bemerkungen, Dolce, der selbst von Kunst nichts verstanden, habe diesen Dialog a dettatura dell' Aretino verfasst." Das ist jedenfalls übertrieben. Aretino ist nicht der Mann, der einen Dialog dictirt, und die Urheberschaft grossmüthig einem Anderen überlässt; und der Mann, der diesen Dialog verfasst, ist nicht so unkundig der Kunst, wie es Carrara glaubt. Dass Dolce und Tizian in directem Verkehre gestanden, geht auch aus dem Schreiben hervor, in welchem er ihm die von ihm gemachte Paraphrase des VI. Satyre des Juvenal (Venez. presso Curzio Navò 1538) dedicirt. Das Schreiben ist von Padua 10. October 1538 datirt.

Jedenfalls haben wir in dem Dialog des Dolce über Malerei ein hervorragendes Document zeitgenössischer venetianischer Kunstkritik vor uns, geschrieben in der Absicht, den übereifrigen Vertheidigern der florentiner Kunstfreunde und Gegnern der Venetianer Schule, in deren Reihe wir, wenigstens in einem gewissen Grade und insbesondere Tizian gegenüber, Giorgio Vasari zu betrachten haben, entgegenzutreten. Fassen wir den polemischen Charakter des Dialoges von Dolce ins Auge, so müssen wir gestehen, dass würdiger eine Polemik kaum geführt werden konnte. — Als ein Lehrbuch über Zeichnung und Malerei führt den „Aretino" des L. Dolce G. P. Lomazzo[1]) auf neben Doni, Biondo, Paolo Pino, Benedetto Varchi.

Dolce's zahlreiche historische Schriften, Sonetten u. dgl. mehr stehen zur Kunst in keiner Beziehung. Er war Mitglied der Academie Frattegiana und de' Pellegrini.

Von seinen Familienverhältnissen wissen wir wenig; er war verheirathet; in seinen Briefen erwähnt er einen Sohn und eine Tochter. Im Leben war er vom Glücke nicht besonders begünstigt; in seinen letzten Lebensjahren war er noch überdies von einem Augenleiden heimgesucht, welches ihn hinderte, eine genaue Correctur der Drucke vorzunehmen. Er starb sehr arm in seinem 60. Lebensjahre im Jahre 1568. Er wurde, wie Franc. Sansovino („Trasformazioni" 1568) schreibt, in der Kirche S. Luca begraben „nel medesimo sepolcro dove fa prima posto Pietro Aretino et Hieronimo Ruscelli, acciocchè, siccome la volontà gli aveva fatti vivendo tutti tre amici, fossero così morti perpetui compagni". Bei dem Umbau der Kirche um das Jahr 1581 wurden die Gebeine der genannten drei Schriftsteller

---

[1]) Idea del Tempio della Pittura. 2. Edit. Bologna. p. 16.

vereint gelassen; und sotto il battisterio appiedi del pulpito beigesetzt; die Inschrifttafel lautete: trium illustrium virorum cineres. Gegenwärtig kennt man weder Grabstätte noch Inschrift. Auch in der „Venezia, città nobilissima et singolare" Francisco Sansovino's, gedenkt derselbe (p. 276. b. ed. 1581) des Todes L. Dolce's.

Mit Pietro Aretino stand L. Dolce in genauerer Verbindung. Cicogna kennt fünfzehn Briefe Dolce's an Aretino[1]). Der älteste ist vom Jahre 1537, 18. Juni von Pieve di Sacco, er verlangt darin ein rimedio all' amoroso foco. Der Brief vom 22. Februar 1540 bezieht sich auf eine Schrift des Lampredi; in dem Briefe vom Mai 1541 verlangt er im Namen Bembo's von Aretino die Abfassung eines Sonettes gegen ein wider Bembo geschriebenes Sonett. In dem Briefe vom 21. Jänner 1549 dankt er Aretino für einen Dienst, den er ihm beim Herzog von Mantua erstattete. Vier Briefe ohne Datum beziehen sich auf literarische Streitigkeiten Dolce's mit Franco, auf die Abschrift zweier Schriftstücke Aretinos an den König von Frankreich und an Cosimo Medici, und auf eine Flugschrift: Pasquino al Roso Buffone dell' olim Cardinale de Medici. In dem vierten undatirten Briefe dankt Dolce für die Bemühungen Aretino's um die Freilassung des Dieners des Dolce aus dem Gefängnisse.

Pietro Aretino, geb. zu Arezzo am 12. April 1492 siedelte nach einem wechselvollen Leben im Jahre 1527 nach Venedig über, und starb daselbst im Jahre 1557. Seine Beziehungen zur Künstlerwelt, speciell zu Tizian sind hinlänglich bekannt. Ihm war es lebhaftes Bedürfniss, mit Kunst und Künstlern umzugehen; ausser mit Tizian, stund er mit Leone Leoni, A. Schiavone, Vasari, M. Angelo, Danese, Tribolo, Sansovino, Salviati, Bonifazio, B. Cellini, Seb. Piombo u. a. m. in Verbin-

---

[1]) Die älteste Ausgabe dieser Briefe ist von 1552. Venezia bei Marcolini „Delle Lettere di Diversi a Pietro Aretino".

dung. In Venedig selbst gehörte er mit dem Bildhauer und Architekten Jacopo Sansovino zu den intimen Freunden, Haus- und Festgenossen Tizian's. Eine ausführliche Biographie Aretino's hat im verflossenen Jahrhundert G. M. Mazuchelli geliefert; seine Stellung zu Künstlern würdigt in unserer Zeit eingehend M. T. Dumesnil¹). Nichtsdestoweniger verdiente dieser geistvollste und zugleich frivolste Publizist und Schöngeist seines Jahrhunderts eine Geschichte seines Lebens und Wirkens vom Standpunkte der modernen Wissenschaft.

In den Anmerkungen beschränken wir uns auf Thatsächliches. Nur an einer Stelle, die Giorgione betrifft, glauben wir im Interesse unserer Leser auf die einschlägigen Stellen Vasari's und Ridolfi's eingehen zu sollen. Wir haben es absichtlich vermieden, das, was über Sebastiano del Piombo gesagt wird, einer Kritik zu unterziehen; ebenso wenig glaubten wir den Ort passend, die Streitfragen zwischen den Coloristen und Stylisten, den Anhängern Tizian's und den Michel Angelo's zu berühren, so viel äussere Veranlassung gerade in dem Dialoge des L. Dolce vorhanden war. In welch' hohem Grade damals die Geister durch diese Fragen beschäftigt wurden, geht aus dem von uns im Anhange mitgetheilten Schreiben L. Dolce's an Gasparo Ballini hervor. Für Bearbeitung grösserer kunsthistorischer und ästhetisch-kritischer Fragen selbst in Excursen, die leicht zu dem Umfange des ganzen Dialoges anschwellen würden, wenn sie einigermassen genügend sein sollen, scheint uns diese Gelegenheit nicht die passende.

---

¹) Siehe: La vita di Pietro Aretino scritta dal conte Giammaria Mazzuchelli. 2 Ed. Brescia 1763. M. J. Dumesnil „Histoire des plus célèbres amateurs italiens. Paris 1852." p. 211—344.

Wien, im August 1871.

R. Eitelberger v. Edelberg.

DIALOG

ÜBER DIE MALEREI

genannt L'ARETINO

von

M. LODOVICO DOLCE

worin von der Würde derselben Malerei gehandelt wird, und von allen nöthigerweise dazugehörenden Theilen, welche dem vollkommenen Maler geziemen. Mit Beispielen antiker und neuer Maler: und am Schlusse wird der Vortrefflichkeit und der Werke des göttlichen Tizian gedacht.

Mit Privilegium.

IN VENEDIG

BEI GABRIEL GIOLITO DE' FERRARI

MDLVII.

Dem herrlichen und mächtigen

S. HIERONIMO LOREDANO.

Immerdar habe ich, Mag. S. Hieronimo, in meinem Geiste das lebhafteste Verlangen getragen, das ich noch beständig hege, — einigermassen meine alte Ergebenheit gegen Euer edelstes Haus Loredano an den Tag zu legen, und zwar nicht minder bei öffentlichen Anlässen, als durch eigene und besondere. Oeffentlich, insoferne es eine der berühmtesten Familien Venedigs ist, nicht allein durch den Adel des Blutes, sondern auch durch grosse Macht und unbegrenzte Tugend, welche in derselben immerdar geblüht hat. Dies bezeugen die vielen ausgezeichneten Senatoren und trefflichen Kriegsmänner, welche so im Kriege wie im Frieden fast in jeder Zeit dieser allerglücklichsten Republik zu ihrem eigenen, ewigen Lob und Ruhm den grössten Vortheil brachten, wovon uns das herrlichste Beispiel der Sereness. Leonardo Loredano liefert, ein Fürst von unzähligen Verdiensten, da er, lediglich auf das allgemeine Wohl bedacht, seine geliebteste Republik in den Zeiten der Gefahr und der Kriegesnoth nicht weniger durch seinen Rath, als durch seine Beredsamkeit und Freigebigkeit unterstützt. Man liest sein höchst ehrenvolles Gedächtniss in den Historien des Card.

Bembo und es sind die Annalen in einer Weise davon erfüllt, dass ihnen hiedurch ein überreicher Stoff zugeführt ist. Um zu geschweigen des sehr zu verehrenden Abbate Monsignore Francesco, Eures Oheims, und Eures berühmten Vaters (dessen grosse Güte und schier unbegrenzte Tüchtigkeit im kleinsten Theil zu berichten ich nicht im Stande bin) und vieler anderer, welche gegenwärtig sowohl durch Ehren als durch herrliche Gaben des Geistes Ruhm haben. Unter diesen ist es Euer Herrlichkeit, welche zahlreiche seltene und tugendreiche Eigenschaften in leuchtender und glanzvoller Weise besitzt, so dass es keine Stufe der Ehren gibt, welcher Dieselben nicht würdig erachtet werden und es nicht wären, um davon Besitz zu nehmen. Nicht minder muss ich des jungen Abbate Msgr. Antonio, Deren würdigen Bruders, gedenken, welchen in so zartem Alter die Kenntniss der schönen Wissenschaften ziert, und ferner all' jene edeln Sitten, die man von dem Sprössling eines solchen Vaters und so erlauchter Vorfahren wünschen kann. Was meine eigenen Motive anlangt, so hatte, abgesehen von den vielen Wohlthaten, die mein Grossvater und mein Haus durch den mächtigsten, edelsten und nie genug gelobten Fürsten empfing, mein Vater (der mich im Alter von zwei Jahren verliess) durch ihn die Stelle des Castaldo, ein sehr ehrenvolles Amt unter den Bürgern. Ich habe also so beschaffene Verpflichtungen gegen Euer berühmtestes Haus und, da ich den Wunsch, meine Ergebenheit zu beweisen, nicht anders befriedigen kann, den ich immer gehegt habe und noch hege, so komme ich mit diesem kleinen Geschenke vor Eure Herrlichkeit, welches gleichsam wie schmutziges Wasser ist, welches der niedere Bürger auf seinen rauhen Händen dem grossen Herrn entgegenbringt. Weil aber die Malerei, von welcher in diesem Büchlein unter einem Vergleich des Rafael und Michel Angelo sehr geziemend gehandelt wird, eine edle Kunst ist, und auch Eure Herrlichkeit höchst edel und gebildet ist, so hoffe ich, dass Dieselbe, im Hinblick auf die Beschaffenheit des Stoffes, und mehr noch auf die gute Gesinnung und Aufrichtigkeit meines Herzens es mit gutem Willen aufnehmen und mich zu der Zahl Derjenigen rechnen werden, welche Derselben dienen und Verehrung zollen.

In Venedig, am 12. August MDLVII.

Eurer Herrlichkeit Diener

Lodovico Dolce.

PIETRO ARETINO UND GIOVAN FRANCESCO FABRINI.

Aret. Es sind heute gerade vierzehn Tage her, mein Fabrini [1]), dass ich mich mit dem hochgelehrten Giulio Camillo [2]) in der herrlichen Kirche San Giovanni e Paolo, wegen der Feier des heiligen Märtyrers Petrus, befand, die täglich bei dem Altare celebrirt wird, wo das grosse, von der zarten Hand Tizians, meines berühmten Vetters, gemalte Bild angebracht ist, welches die Geschichte dieses Heiligen darstellt. Da schien es mir, als sähe ich Euch im Anblicke des anderen Bildes, des heiligen Thomas von Aquino, und einiger anderen Heiligen, ganz vertieft, das der venetianische Maler Giovanni Bellino vor vielen Jahren in Fresco-Manier gemalt hat [3]). Würden wir

---

[1]) Giov. Francesco Fabrini, ein florentiner Edelmann, über dessen Lebensverhältnisse und Beziehungen zu Dolce keine Daten vorliegen.

[2]) Camillo Giuglio, ein zeitgenössischer Dichter, dessen Werke in Venedig bei Giolito zuerst im Jahre 1552 in 12⁰ erschienen. Er betheiligte sich auch an der von Dolce im Jahre 1547 veranstalteten Ausgabe Petrarca's.

[3]) Diese beiden hier angeführten Gemälde Tizian's und Giov. Bellini's sind bei dem Brande der Capelle in S. Giovanni e Paolo in der Nacht des 16. August 1867 zu Grunde gegangen. Das Gemälde G. Bellini's, gemalt nach 1472, stellte eine thronende Madonna, umgeben von dem heiligen Thomas v. Aquino, Gregor, Hieronymus, Katharina v. Siena, Magdalena und anderen weiblichen Heiligen vor. Cavalcaselle widmet diesem Capital-Werke Bellini's (History of painting in North Italy. I, p. 154—56) eine eingehende Beschreibung. Titian's Gemälde, hinlänglich bekannt, wird auch von Vasari (XIII.

Beide nicht vom Herrn Antonio Anselmi¹), der uns in die Wohnung des Msgr. Bembo²) führte, abgeleitet worden sein, so hätten wir Euch unversehens überfallen, und den ganzen Tag bei uns festgehalten. Jetzt, wo ich mich daran erinnere, Euch damals ganz in Betrachtung vertieft gesehen zu haben, sag' ich Euch, dass das Bild Bellino's des Lobes nicht unwerth ist; denn jede Figur erscheint darin gut gestellt, und es enthält auch schöne Köpfe; die Fleischtöne, wie nicht minder die Gewandung, nähern sich so ziemlich dem Natürlichen. Daraus kann man nun den Schluss leicht ziehen, dass Bellino für die damalige Zeit ein guter und sorgfältiger Meister war. Doch

p. 28 ed. Le Monnier) als „la più compiuta, la più celebrata, e la maggiore e meglio intesa e condotta che altra, la quelle in tutta la sua vita Tiziano abbia fatto ancor mai" angeführt. Ridolfi erzählt (Maraviglie dell' Arte. I. p. 150) dass Pordenone und Palma Vecchio Concurrenten Tizian's bei diesem Bilde waren, und dass sich zu seiner Zeit noch die Skizze Palma's in einem Privathause befunden habe. Der S. Pietro Martire, ermordet am 29. April 1252, war ein Dominikanermönch aus einem Dominikanerkloster in Como, ein heftiger Verfolger der Häretiker seiner Zeit.

Das Gemälde G. Bellini's war in Tempera gemalt — in Fresco-Manier, wie Dolce uneigentlich sagt.

Giov. Bellini, geb. 1426, starb zu Venedig am 15. November 1516.

¹) Anselmi Antonio, ein Dichter, der mit Dolce in Briefwechsel stand. Einige derselben sind in der Raccolta des Pino abgedruckt.

²) Dolce stand mit zwei Bembo's in Verbindung, Giammatteo und Pietro Bembo. Dem Giamm. Bembo, als Vertheidiger von Cattaro berühmt, widmete er eine Biographie, die verloren gegangen ist, dedicirte ihm 1560 die Ausgabe des Ruffo Sesto: „Le Dignità de' Consoli" etc. Venezia, 1561. Pietro Bembo, „padre di tutte le buone lettere," ist derjenige, der hier gemeint ist. Dolce gab „Le Prose di M. Pietro Bembo" bei G. Giolito 1556 heraus, und stand mit ihm in regem Verkehre. P. Bembo war mit Tizian und P. Aretino enge befreundet. Pietro Bembo's Porträt hat Tizian zweimal gemalt, einmal 1515, als P. Bembo Secretär Leo I. war, ein zweitesmal als Cardinal. Pietro Bembo ist 1470 geb. zu Venedig und starb am 18. Jän. 1547 zu Rom. Nach Navagero's Tode übernahm er die Stelle eines Historiographen und Vorstehers der Markusbibliothek. 1539 erhob ihn Paul III. zum Cardinal.

wurde er später von Giorgio da Castelfranco ¹) übertroffen, und dieser wieder in ungeheurem Maasse von Tizian, welcher seinen Gestalten eine heroische Würde, ein ungemein zartes Colorit und so naturgetreue Tinten verlieh, dass man in Wahrheit behaupten kann: sie gehen gleichen Schritt mit der Natur selbst.

Fab. Meine Gewohnheit ist es nicht, Herr Pietro, irgend Jemanden zu tadeln; doch kann ich Euch versichern, dass, wer auch nur ein einziges Mal die Gemälde des göttlichen Michel Angelo ²) gesehen, sich kaum mehr, sozusagen, die Mühe geben sollte, zur Besichtigung der Werke von was immer von einem anderen Maler die Augen zu öffnen.

Aret. Ihr sagt zu viel und thut vielen hervorragenden Malern Unrecht; so z. B. dem Rafael von Urbino, dem Antonio da Correggio, dem Francesco Parmegiano, dem Giulio Romano, und vor Allem unserem Tizian Vecellio, welche alle insgesammt mit ihren wundervollen Schöpfungen der Malerei Rom, und fast ganz Italien geschmückt, und der Malerkunst einen solchen Glanz verliehen haben, dass sich vielleicht mehrere Jahrhunderte hindurch kein Anderer zu dieser Höhe wird aufschwingen können ³). Ich schweige dabei von Andrea del

---

¹) Giorgio Barbarella da Castelfranco, genannt il Giorgione geb. vor 1477, gest. 1511 in Venedig.

²) Michel Angelo Buonarotti, geb. 1474, gest. 1563, von seinen Zeitgenossen „il Divino" genannt — eine Auszeichnung, die in der überschwenglichen Sprache der Zeit auch Rafael und auch anderen Künstlern zu Theil wurde. — Rafael Sanzio, geb. zu Urbino 1483, gestorben zu Rom 1520.

³) „Der Verfasser" — bemerkt der florentiner Herausgeber Dolce's vom Jahre 1735 — „hat 'ganz richtig prophezeit; denn seit Ende des XIV. bis beiläufig gegen die Mitte des XVI. Jahrhunderts, wo Leonardo da Vinci, Michel Angelo, Raffaello, Giorgione, Tiziano, Correggio, il Parmegiano und Albrecht Dürer wirkten, hat man keine Maler mehr gesehen, welche Jenen gleichgestellt werden konnten. Allerdings gab es nachher auch grosse Männer, aber nicht ganz von der Bedeutung Jener." Ueber die Zusammenstellung der

Sarto, von Perino del Vaga und von Pordenone, die alle denn doch vortreffliche Maler waren, würdig, dass ihre Werke von Kennern gesehen und gelobt werden.

Fab. So wie Homer der erste unter den Dichtern Griechenlands, Virgil unter den Lateinischen und Dante unter jenen Toskanas ist, so überragt Michel Angelo die Maler und Bildhauer unserer Zeitepoche.

Aret. Ich will nicht leugnen, dass Michel Angelo heutzutage ein seltenes Wunder der Kunst und der Natur sei, und dass Jene, welche seine Arbeiten nicht bewundern, gar kein Urtheil besitzen; besonders wenn es sich um den Werth der Zeichnung handelt, worin er ohne Zweifel excellirte. Er ist es, der zuerst in diesem Jahrhunderte den Malern die schönen Contouren, die Verkürzungen, das Relief, die Bewegung, und Alles das zeigte, was beim vollendeten Studium des Nackten verlangt wird; lauter Eigenschaften, die man vor ihm nicht angetroffen hatte, ausgenommen natürlich Apelles und Zeuxis, welche, sowohl laut Zeugniss der alten Dichter und Schriftsteller, als auch auf Grund dessen, was man aus der Vollendung der wenigen, trotz der Zerstörung der Zeit und der feindlichen Völkerschaften auf uns gekommenen Statuen entnimmt, uns erkennen lassen, dass sie darin höchst gewandt waren. Doch dürfen wir darum noch nicht bei Einem allein stehen bleiben; nachdem wir heute, dem Himmel sei Dank, Maler besitzen, die dem Michel Angelo gleichkommen, und ihn theilweise sogar übertreffen, wie das unstreitig bei einigen der Genannten der Fall ist; worunter es gegenwärtig Einen gibt, der Alle aufwiegt.

Fab. Wenn Ihr das glaubt, Herr Pietro, so seid Ihr, vergebt mir, dass ich so spreche, in einem Irthume befangen, denn die Tüchtigkeit des Michel Angelo hat einen solchen Grad

hier genannten Künstler darf man sich so wenig wundern, als über eine ähnliche, die im 33. Gesange des Orlando furioso von Ariost vorkömmt. Dolce und Ariost sprachen eben nur die herrschende Ansicht ihrer Zeit aus.

der Vollendung erreicht, dass man sie, ohne der Wahrheit zu nahe zu treten, gerechterweise mit dem Lichte der Sonne vergleichen kann, welches jedes andere Licht übertrifft und verdunkelt.

Aret. Eure Worte sind poetischer Art, und solche, wie sie jene Neigung für Jemanden einzugeben pflegt:

„Die oft lasst falsch seh'n selbst gesunde Augen."
(„Che spesso occhio ben san fa veder torto.")

Es wundert mich auch gar nicht, dass, nachdem Ihr ein Florentiner seid, die Liebe für Eure Landsleute Euch derart blind mache, dass Ihr nur die Werke des Michel Angelo für Gold, alles Andere aber für gemeines Blei haltet. Wäre es nicht so, so würdet Ihr erwägen, dass man zur Zeit Alexander des Grossen Apelles wohl bis zum Himmel hob, dabei aber nicht unterliess, auch Zeuxis, Protogenes, Timantes, Polygnotos und andere ausgezeichnete Maler zu loben und zu feiern. Ebenso wurde Virgil bei den Lateinern immer für eine Gottheit angesehen; doch verachtete man niemals, noch unterliess man je wegen dem, Ovid, Horaz, Lucian, Statius und andere Dichter zu lesen, die, obwohl verschieden in ihrem Wesen, oder wenn Ihr wollt in ihrer Art, doch nie darum aufhörten, vorzüglich zu sein. Und dann: Wer wird, weil Dante so reich an Gelehrsamkeit ist, nicht auch den so sehr anmuthigen Petrarca ungemein schätzen? Gibt es doch Viele, die Diesen Jenem vorziehen. Steht aber bei den Griechen Homer allein da, so ist der Grund davon der, dass die Anderen keine heroischen Dichtungen schrieben; ausgenommen später ein Quintus Calaber, der ihn nachahmte, aber bei Weitem nicht erreichte, und Apollonius[1]), welcher das Argonauten-Poem dichtete. Es gibt nun einmal, wie mich die Erfahrung lehrt, Men-

---

[1]) Quintus Calaber aus Smyrna, daher auch Quintus Smyrnaeus genannt, ist Verfasser einer Fortsetzung der homerischen Ilias, welche in 15 Büchern die Geschichte des trojanischen Krieges bis zur Abfahrt der Achäer in ihre Heimath fortführt. Er lebte Ende des 4. Jahrhunderts nach Christi

schen von so wenig Einsicht, dass sie Alles auf eine einzige Form zurückführen, und Jeden entschieden tadeln, der sich von derselben ferne hält. Daher hat auch, so erzählt man, Horaz sich über einen Tölpel lustig gemacht, der von einer so heiklichen Geschmacksrichtung war, dass er von Niemandem Andern je Verse sang oder declamirte, als von Catull und Calvus [1]). Lebte aber Horaz heute noch, so würde er sich noch mehr über Euch, und Eure Worte, lustig machen, nachdem Ihr verlangt, dass Menschen keine Augen haben sollen, als nur um Bilder von Michel Angelo anzusehen; obwohl, wie ich bereits sagte, uns der Himmel heutzutage Maler geschenkt hat, die diesem gleichkommen und sogar ihn überflügeln.

Fab. Und wo werdet Ihr einen andern Michel Angelo, geschweige denn einen Grösseren als ihn, finden?

Aret. Es ist zwar Kinderart, mehrmals dieselbe Sache zu wiederholen; dennoch wiederhole ich Euch, dass wir gegenwärtig Maler besitzen, die ihm durchaus nicht nachstehen, ja, ihn sogar in gewisser Beziehung übertreffen. Schon Tizian allein genügt, wie ich bereits andeutete, dies zu beweisen, ohne von den Anderen, die da waren, zu sprechen.

Fab. Ich aber werde immer darauf erwiedern, dass Michel Angelo einzig dasteht.

Aret. Ich möchte keinen Vergleich anstellen, und zwar, um einer Abschätzung, die immer etwas Odioses an sich hat, auszuweichen.

Fab. Es scheint mir, dass zwischen uns ein freier Meinungsaustausch stattfinden könne; es wäre mir sehr willkommen, wenn Ihr einen Euerer gefeierten Maler wählen und ihn mit

Geburt. Aldus Manutius hat seine Werke zuerst, wenn auch fehlerhaft, 1504—5 herausgegeben. Apollonius der Rhodier, Dichter und Grammatiker, lebte um 220 v. Ch. G. und gehört in den Kreis der Alexandriner. Die erste Ausgabe seiner Werke erschien in Florenz 1496 und in Venedig 1521 apud Aldum.

[1]) Calvus Licinius, ein röm. Dichter aus dem berühmten etruskischen Geschlecht der Licinier.

Michel Angelo vergleichen wolltet; möglich, dass ich dann durch Euere Auseinandersetzungen dahin käme, mein eigenes Urtheil zu ändern.

Aret. Schwer ist es, aus dem Gemüthe Anderer eine Ansicht zu reissen, die durch Neigung dort eingepflanzt, längere Zeit hindurch Wurzel gefasst hat. Doch will ich hierin das Mögliche thun: theils, weil man die Wahrheit nie verschweigen soll, theils, um Euch von dem Irrthume zu befreien, in dem Ihr befangen seid.

Fab. Ich werde sehr dankbar dafür sein und eingestehen, dass Ihr mir einen recht grossen Dienst erwiesen habt.

Aret. Was würdet Ihr sagen, wenn ich nun gleich mit Rafael anfinge?

Fab. Dass Rafael ein grosser Maler war, aber dem Michel Angelo nicht gleichkam.

Aret. Das ist eben ein selbsteigenes Urtheil, und Ihr solltet nicht so entschieden damit auftreten.

Fab. Im Gegentheil, das ist das Urtheil Aller.

Aret. Vielleicht jener Unwissenden, die, ohne bessere Einsicht, nur dem Urtheile Anderer folgen, wie ein Schaf dem andern folgt, oder einiger Farbenpfuscher, welche Affen des Michel Angelo abgeben.

Fab. Durchaus nicht; sondern der Kunstkenner und vieler Gebildeter.

Aret. Wohl weiss ich, dass in Rom, zur Zeit da Rafael lebte, die Mehrzahl der Literaten und der Kunstkenner ihn als Maler über Michel Angelo stellten, und dass Jene, welche für Letzteren eintraten, grösstentheils Bildhauer waren, die nur für dessen Zeichnung, und das Gewaltige seiner Figuren, einen Sinn hatten, und dabei sich einbildeten, dass die anmuthige und anziehende Manier allzuleicht, in Folge dessen auch weniger künstlerisch wäre; indem sie dabei übersahen, dass Leichtigkeit das Schönste in der Kunst, zugleich aber auch das am schwierigsten zu Erreichende sei; ferner dass es eine Kunst ist, die Kunst zu verdecken; endlich, dass bei einem Maler, ausser der Zeichnung, noch andere Dinge äusserst nothwendig sind. Wenn wir aber heute in die Zahl dieser Kunstkenner einige gerühmte Maler einbeziehen wollen, so werden wir sie alle zu Gunsten Rafaels gestimmt finden. Ebenso werden wir unter der Menge Jene, die über dem Pöbel stehen, fast Alle auf Seiten dieses Malers geschaart sehen. Mehr noch: wenn die Massen sich zur Besichtigung der Werke des Einen und des Anderen drängen, so ist kaum daran zu zweifeln, dass Alle für Rafael stimmen werden. Selbst die Parteigänger Michel Angelo's bestätigen, dass Rafael niemals Etwas schuf, was nicht im hohen Grade gefallen habe. Doch lassen wir die Autoritäten bei Seite, um lieber bei irgend welchem ernsten Vernunftgrunde uns aufzuhalten.

Fab. Gerne höre ich Euch zu, als einem sehr verständigen und in Allem, besonders aber in Sachen der Malerei sehr urtheilsfähigen Mann.

Aret. Ihr müsst wohl gehört haben, dass Rafael bei Lebzeiten ein sehr theurer Freund von mir war, wie es heutzutage Michel Angelo ist. Wie sehr dieser mein Urtheil schätzt, zeigt seine Antwort auf einen Brief, den ich ihm über sein letztes Bild schrieb. Ebenso könnte Agostino Chigi [1]), wenn

---

[1]) Agost. Chigi, geb. um 1465 in Siena, zu Julius II. Zeiten gewissermassen Finanzminister des Pabstes, ein Freund und Gönner von Künstlern und Gelehrten, liess durch Balthasar Peruzzi die sogenannte Farnesina in den ehemaligen Gärten des Geta bauen, die durch Rafael, Sebastiano del Piombo, Bazzi-Soddoma und Giulio Romano ausgemalt wurde. Sebastiano del Piombo wurde 1511 von A. Chigi nach Rom berufen. A. Chigi starb 1520. In demselben Jahre starben Rafael und Cardinal da Bibiena; Leo X. starb am 1. December 1521. S. Dumesnil l. c. 92—99. Passavant (Rafael, I., p. 535) begleitet diese Stelle Dolce's mit folgenden, für P. Aretino nicht sehr schmeichelhaften Worten: „Allein wer wollte dieses dem unverschämten

er noch lebte, bezeugen, wieviel auch seinerseits Rafael darauf hielt; denn Rafael pflegte mir fast immer jedes seiner Gemälde, vor Ausstellung desselben, zu zeigen, und ich war es, der vor Allem Chigi überredete, die Wölbungsdecken seines Palastes von Rafael malen zu lassen. Aber, obwohl Beide mir befreundet waren, und der von ihnen noch Lebende mir heute noch seine Freundschaft bewahrt, so geht mir doch die Freundschaft für die Wahrheit über Alles. Ich werde daher euerem Wunsche in einem nicht entscheidenden Punkte entsprechen, da ich denke, dass über diese Bevorzugung für Rafael bei allen Kunstkennern die Acten bereits geschlossen sind. Doch wird die Sache insoferne von Nutzen sein, dass vorerst Etwas über die Bedeutung der Malerei gesagt werden muss. Ich werde daher zunächst erklären, was Malerei, und was die Aufgabe des Malers sei; dann, nach Besprechung aller ihrer Theile, schliesslich zu einem Vergleiche der beiden genannten Künstler gelangen. Ausserdem will ich auch noch von einigen anderen Malern, besonders aber von Tizian, reden.

Fab. Wohl weiss ich, dass Viele sehr günstig über Rafael geschrieben haben; so z. B. Bembo, der ihn dem Michel Angelo gleichstellt, und das zu einer Zeit schrieb, da Rafael noch ein Jüngling war; so Castiglione, welcher ihm den ersten Platz anweist; ebenso Polidoro Virgilio [1]), welcher ihn mit

---

Lügner glauben, der wegen seiner Schlechtigkeiten aus dem Hause des A. Chigi, der ihn gastfreundlich aufgenommen hatte, gejagt worden? So wird auch sein freundschaftliches Verhältniss zu Rafael, womit er sich brüstet, wohl nur ein sehr vorübergehendes gewesen sein." Der von De Piles in seiner „Conversations sur la peinture", p. 261, erwähnte Brief Rafael's an P. Aretino beruht nach P. auf dieser missverstandenen Stelle Dolce's.

[1]) Polidoro Virgilio oder Vergilio, Geschichtsschreiber, geb. zu Urbino gegen 1470, starb daselbst gegen 1555. Er brachte einige Zeit in England unter Heinrich VII., Heinrich VIII., zu. Eines seiner Hauptbücher ist das Werk „De inventoribus rerum," Venedig 1499. Sein Bruder Matteo war Professor der Philosophie an der Paduaner Universität.

Apelles vergleicht; so nicht minder Euer Landsmann Vasari in seinen Lebensbeschreibungen von Malern. Doch weiss ich auch, dass Ariost zu Anfang des 33. Gesanges [1]) seines „rasenden Roland's" der Art Michel Angelo von den anderen Malern unterscheidet, dass er ihn sogar zu einem Gotte macht. Ich will indessen, Euerem Spruche folgend, mich nicht auf die Autorität Anderer, wenn auch noch so gelehrt, sondern nur auf das Urtheil der Vernunft berufen. Wäre ich geneigt, mich überhaupt der Ansicht eines Dritten anzuschmiegen, so würde ich die Euere jener aller Andern vorziehen.

Aret. Ihr erweist mir zu viel Ehre, zunächst erkläre ich Euch, dass Ariost in allen Theilen seiner Dichtung stets einen sehr scharfen Geist, ausgenommen jedoch in diesem einen Punkt, bethätigt hat; nicht etwa weil er Michel Angelo verherrlichte, der ja aller Lobessprüche würdig ist, sondern weil

---

[1]) Die betreffende Stelle in Ariosto's „Orlando furioso", Canto XXXIII, lautet:

1.

Timagora, Parrasio, Polignoto,
Protogene, Timante, Apollodoro,
Apelle, più di tutti questi noto,
E Zeusi, e gli altri, ch'a quei tempi foro;
De' quai la fama (mal grado di Cloto
Che spense i corpi, e dippoi l'opre loro)
Sempre starà, fin che si legga, e scriva,
Mercè de gli Scrittori, al mondo viva.

2.

E quei, che furo a' nostri dì, o son ora,
Leonardo, Andrea Mantegna, Gian Bellino,
Due Dossi, e quel, ch'a par sculpe, e colora
Michel, più che mortal, Angel divino;
Bastiano, Rafael, Tizian, ch' onora
Non men Cador, che quei Venezia e Urbino:
E gli altri, di cui tal l'opera si vede,
Qual dela prisca età si legge, e crede.

er in die Zahl der von ihm citirten hervorragenden Maler auch die beiden Dossi ¹) aus Ferrara einbezog, von welchen der Eine einige Zeit hier in Venedig, um mit Tizian, der Andere in Rom, um mit Rafael zu malen, verweilte; wobei indessen Beide sich im Gegentheile eine so grobkörnige Manier angewöhnten, dass sie wahrhaftig der Feder eines so grossen Dichters unwürdig sind. Dieser Fehler wäre immerhin noch erträglich, da man glauben könnte, dass die Vaterlandsliebe ihn geblendet habe; wenn er nur nicht in einen noch grösseren dadurch verfallen wäre, dass er Bastiano ²) mit Rafael und

3.

Questi, che noi veggiam pittori, e quelli
Che già mille, e mill' anni in pregio furo,
Le cose, che son state, co i pennelli
Fatt' hanno, altri su l'asse, altri su'l muro;
Non però udiste antichi, nè novelli
Vedeste mai, dipingere il futuro;
E pur si son istorie anco trovate,
Che son dipinte, innanzi che sien state.

Mit Ariosto hat sich L. Dolce viel beschäftigt. Er gab zweimal Ariosto heraus und zwar: „Orlando furioso di Messer Lodovico Ariosto con la giunta novissamente stampato e corretto. Venezia, 1535. Dazu die „Apologia di M. Lodovico Dolce contra i detrattori dell' Autore." Venezia 1535.

„L'Orlando furioso novissimamente alle sua integrità ridotto." — Avvi in fine una breve Esposizione di tutti i vocaboli e luoghi difficili ec., raccolte da M. Lodovico Dolce. Venezia. Giolito. 1542. 4⁰. — Ausserdem existiren noch Beiträge Dolce's zum näheren Verständniss des Ariosto in Versen und Prosa aus den Jahren 1551, 1566 und 1568.

¹) Es lebten um diese Zeit drei Dossi's, und zwar der berühmtere unter ihnen Dosso Dossi, geb. zu Dosso bei Ferrara 1474, gest. 1560, sein minder bedeutender Bruder Giovanni Batista und ein dritter, Evangelista. Die beiden Brüder Dosso Dossi und Giovanni Dossi hielten sich fünf Jahre in Venedig auf.

²) Sebastiáno Luciano, genannt del Piombo, Venetus, wie er sich auf Bildern nennt, geb. 1485, starb zu Rom 1547. Heutzutage braucht Ariosto keine Rechtfertigung mehr über die Stellung, die er dem Sebastiano del Piombo angewiesen. Was hier weiter erzählt wird, ist der Wiederhall dessen

Tizian zusammenwarf, da es doch viele bedeutendere Maler, als diesen gab, welche trotzdem in Wirklichkeit nicht verdienen, mit diesen beiden Letzteren verglichen zu werden. Immerhin verhindert ein solches „Sündlein" (um mit den Spaniern zu sprechen) nicht, dass Ariost, jener herrliche Dichter, als welchen ihn die ganze Welt anerkennt, gewesen sei; denn das sind Dinge, die nicht zur Aufgabe eines Poeten gehören. Ebenso wenig soll damit behauptet werden, dass Bastiano kein recht tüchtiger Maler gewesen sei: doch kommt es gar oft vor, dass ein Edelstein, oder irgend eine andere Sache, für sich allein betrachtet, sehr hübsch, mit anderen jedoch verglichen, minder hübsch erscheint und an Werth verliert. Ausserdem ist es aller Welt bekannt, dass Michel Angelo ihm die Zeichnungen anfertigte; wer sich aber mit fremden Federn schmückt, gleicht, einmal derselben entkleidet, dem von Horaz lächerlich gemachten Raben. Noch erinnere ich mich daran, dass, als Bastiano von Michel Angelo zur Concurrenz mit Rafael gedrängt wurde, mir Rafael zu sagen pflegte: „Wie freue ich mich doch, mein lieber Pietro, dass Michel Angelo diesen meinen neuen Rivalen

---

was in den venetianischen Ateliers, in den Kreisen Tizian's und Aretino's gesprochen wurde. Man muss sich erinnern, dass der Dialog des Dolce in die Zeit nach der Reise Tizian's nach Rom fällt. Tizian ging im October 1545 nach Rom und malte daselbst 1546 die Danae. In einem Schreiben vom 6. August 1527, dto. Venedig, empfiehlt ihn Aretino dem Marchese di Mantua als einen „pittore miracoloso". Bekanntlich lehnte Tizian mit Rücksichtnahme auf Sebastiano jede Begünstigung seines Sohnes, so wie seiner eigenen Person ab, und ging nach Venedig zurück. Aber in venetianischen Künstlerateliers scheint viel gesprochen worden zu sein über die Aufnahme, die Tizian in Rom fand, speciell über sein Verhältniss zu Michel Angelo und Sebastiano del Piombo. Vasari und Dolce sind Zeuge dessen. Dolce's Bemerkungen erläutert ausführlich Crowe und Cavalcaselle, l. c. II., p. 329. Ueber die Beziehungen zu Michel Angelo s. Herm. Grimm „Leben Michel Angelo's". Die Worte, welche Aretino dem Rafael in den Mund legt, können mit Rücksichtnahme auf eine bestimmte Zeit, nach Passavants Ansicht, wohl von Rafael gesprochen worden sein.

durch Zeichnungen von seiner eigenen Hand unterstützt; denn auf diese Weise wird der Ruf, dass Bastiano's Gemälde mit den meinigen keinen Vergleich aushalten, dem Michel Angelo wohl beweisen, dass ich nicht blos Bastiano übertreffe (und es würde mich wenig ehren, blos Jemanden zu übertreffen, der nicht zeichnen kann), sondern sogar ihn selbst überflügle, der doch (und mit Recht) sich für die Gottheit des Zeichnens hält."

F a b. Wahr ist es allerdings, dass Bastiano keinen gleichen Kampf mit Rafael führte, obwohl er die Lanze Michel Angelo's in der Hand hatte; und zwar aus dem Grunde, weil er selbe nicht zu gebrauchen verstand; noch weniger mit Tizian, welcher mir vor Kurzem Folgendes erzählte: Zur Zeit als Rom [1]) von den Soldaten des Bourbonen geplündert wurde, hatten einige Deutsche, welche den Palast des Pabstes besetzten, in einem der von Rafael mit Malereien versehenen Zimmer, zu eigenem Gebrauche rücksichtslos Feuer gemacht, wobei durch den Rauch, oder vielleicht auch durch die Soldaten selbst, einige der gemalten Köpfe beschädigt wurden.

Als dann, nach dem Rückzuge dieser Soldaten, Papst Clemens die Gemächer wieder betrat, that es ihm leid, dass so schöne Köpfe verunstaltet bleiben sollten, und er liess sie von Bastiano wieder herstellen. Nun geschah es, dass eines Tages Tizian[2]), als er sich in Rom befand, und mit Bastiano selbst jene Gemächer durchschritt, gedankenvoll diese Bilder Rafael's, die er früher noch nicht gesehen hatte, betrachtete, und, zu jener Partie gelangend, wo eben Bastiano die Köpfe

---

[1]) Bei dem s. g. sacco di Roma wurde am 6. Mai 1527 Karl von Bourbon, Connetable de France, getödtet.

[2]) Die Aeusserung Tizians bezieht sich auf die Malereien Rafaels in der Stanza del Incendio, wo insbesonders der „Sieg im Hafen von Ostia" durch Sebastian del Piombo stark überarbeitet wurde. P a s s a v a n t „Rafael: I. p. 264".

wieder hergestellt, diesen frug, wer wohl der freche Nichtskönner gewesen sei, der jene Gestalten so verunziert hätte? Er wusste nämlich nicht, dass Bastiano selbst es war, der jene Theile restaurirte, und sah nur den argen Unterschied zwischen den einen und andern Köpfen. Doch gehen wir über solche Ungleichheiten, die nicht sehr wichtig sind, hinweg, und kommen wir zur Malerei selbst.

Aret. Ich hatte dasselbe bereits von Anderen vernommen.

Fab. Erklärt mir also vor Allem, was Malerei eigentlich sei.

Aret. Ich will es thun, obwohl das eine leichte, und aller Welt bekannte Sache ist. Ich behaupte daher in Kürze, dass Malerei nichts Anderes, als Nachahmung der Natur [1]) ist, und dass Jener, welcher sich ihr in seinen Werken am meisten nähert, auch der vorzüglichste Meister sei. Da aber diese Definition etwas enge und mangelhaft erscheint, weil sie zwischen Maler und Dichter, der doch auch eine solche Nachahmung anstrebt, nicht unterscheidet, so füge ich hinzu, dass der Maler durch Linien und Farben, sei es auf Holz, Mauerwerk oder Leinwand, Alles nachzuahmen sucht, was sich dem Auge darstellt: während der Dichter durch Worte nicht blos das, sondern auch Alles nachahmt, was sich dem Geiste offenbart. Beide differiren daher in diesem Punkte, berühren sich aber in anderen so sehr, dass man sie fast Brüder nennen kann.

Fab. Diese Definirung ist fassbar und eigen, wie nicht minder der Vergleich zwischen Dichter und Maler; nachdem

---

[1]) Mit dem Satze, dass die Malerei nichts anderes sei, als Nachahmung der Natur, sagt Aretino nichts Neues, er spricht nur das aus, was fast alle Künstler und Schriftsteller der Renaissancezeit dachten, und was sie in den Schriften jener Alten, die sie mit Vorliebe lasen, bestätigt fanden. Xenoph. Apom. 3, Longin de subl. 19. Quint. IX. 2.

Lionardo da Vinci. „Quella pittura è pur laudabile, che ha più conformità colle cose naturali." Trattato della Pittura 272. Ebenso Leon B. Alberti, Vasari u. A. m.

ohnehin bedeutende Männer den Maler einen stummen Dichter,[1] und den Dichter einen Maler, der da spricht, nannten.

Aret. Obwohl der Maler Dinge, welche, wie beispielsweise die Schneekälte, nur durch den Contact sich fühlbar machen, oder auch solche, die blos dem Geschmacke, wie die Süssigkeit des Honigs, zugänglich sind, nicht malen kann, so vermag er dennoch Gedanken und Empfindungen darzustellen.

Fab. Ganz richtig, lieber Herr Pietro, weil letztere sich durch gewisse äussere Bewegungen zu erkennen geben. Geschieht es doch oft, dass durch das Zusammenziehen der Augenbrauen, durch das Runzeln der Stirne oder durch andere Zeichen, die innern Geheimnisse sich so deutlich verrathen, dass oft die „Fenster" des Sokrates kaum nöthig sind.

Aret. So ist es auch. D'rum kommt bei Petrarca der Vers vor:
„Und auf der Stirne liest man oft das Herz."
(E spesso ne la fronte il cor si legge.)

Doch sind es ganz besonders die Augen, welche als Fenster der Seele gelten dürfen, und in ihnen kann der Maler ganz entsprechend jede Leidenschaft, die Lustigkeit, den Schmerz, den Zorn, die Furcht, die Hoffnung und die Sehnsucht ausdrücken. Das Alles ist geeignet, auf den Beschauer zu wirken.

Fab. Ich setze noch hinzu, dass, obwohl Maler stumme Dichter genannt werden, und die Malerei ebenfalls für stumm gilt, dennoch die Figuren eines Gemäldes, je nach deren Auffassung, zu reden, zu schreien, zu weinen und zu lachen scheinen, und auch sonst ähnliche Wirkungen hervorbringen.

Aret. Das scheint allerdings, und dennoch thun sie nichts von dem, was sie zu machen scheinen.

Fab. Hierüber könnte man den vortrefflichen Musiker Silvestro[1]), des Dogen Virtuos, um seine Ansicht befragen. Er

---

[1]) Ueber diesen „eccelente Musico e suonatore" Silvestro theilte mir der gelehrte Kenner der Geschichte der Musik Herr Prof. Dr. Ambrož

zeichnet und malt verdienstvoll, und lässt uns mit Händen greifen, dass die von guten Meistern gemalten Figuren fast so lebendig sprechen, wie die Lebenden selbst.

Aret. Das ist jedenfalls nur Ausfluss der Einbildung des Beschauers, hervorgerufen durch entsprechende Stellungen, und nicht Wirkung oder Eigenschaft der Malerei selbst.

Fab. Allerdings.

Aret. Es ist also Aufgabe des Malers, jedwedes Ding, derart naturgetreu durch seine Kunst darzustellen, dass es selbst naturwahr scheine. Jener Maler also, dem diese Fähigkeit fehlt, ist kein Maler, während im Gegentheile Derjenige der beste und vorzüglichste Maler bleibt, dessen Bilder am vollkommensten die Natur nachahmen. Wenn ich Euch daher nachgewiesen haben werde, dass sich diese Vollkommenheit weit mehr in den Gemälden des Sanzio, als in jenen des Buonarotti vorfindet, so wird selbstverständlich Dasjenige daraus folgen, was ich so oft behauptet habe. Und nicht, um den Ruhm Michel Angelo's zu vermindern, oder jenen Rafael's zu erhöhen, deren Ruhm überhaupt weder vergrössert noch verringert werden kann, werde ich es thun, sondern nur um Euch, und euerem Verlangen, mich gefällig zu zeigen; zunächst aber, aufrichtig gesprochen, um der Wahrheit zu dienen, für welche

in Prag folgendes mit. Derselbe dürfte wohl kein anderer sein, als Silvestro Ganassi genannt del Fontego, ein Venetianer, der sich von dem Sestiere oder Gasse, wo der Fondaco-Fontego de' Tedesci lag, del Fontego nannte. Im Jahre 1535 erschien von Silvestro Ganassi ein Buch „La Fontegara" in dem er sich „Sonator della Illma. Signoria di Venetia" nennt, — und daher auch Musiker des Dogen war, da dieser keine besondere Kapelle hielt, dagegen die Illma. Republica oder Signoria eine solche ziemlich reich dotierte. Silvestro Ganassi ist der Verfasser mehrerer für die Geschichte der Instrumentalmusik wichtiger Bücher, welche zu den bibliothekarischen Raritäten ersten Ranges gehören, als la Fontegara, la quale insegna di suonare il flauto con tutta l'arte apportuna etc. composta per Sylvestro di Ganassi del Fontego. Venetia 1535 — und die Regula Rubertina — regola, che insegna a sonar de viola ec. Stampato per l'autore proprio nel 1543.

ich oft, wie Ihr wisst, das Schwert meines Wortes auch gegen Fürsten gebraucht habe, mich wenig darum kümmernd, dass die Wahrheit Hass erzeuge [1]). Fab. Unter allen Fällen ist hier Niemand, der uns zuhört. Aret. Und ich wollte, dass es Deren hier viele gäbe. Denn abgesehen davon, dass ich über einen edlen Gegenstand zu reden habe — und die Malerkunst ist in Wirklichkeit etwas Edles — sollte was wahr ist aller Welt verkündet werden; besonders wenn der Zweck dabei nicht der zu verletzen, sondern zu nützen ist. Wer z. B. Plato und Aristoteles mit einander vergleichend, sich schliesslich zu Gunsten des Einen oder des Anderen ausspräche, würde gewiss nicht für eine böse Zunge gehalten werden, wenn er darthun würde, dass Beide grosse Philosophen waren; dass aber der Eine den Andern übertraf. So hoffe auch ich, von diesen zwei Malern sprechend, einige hervorragende Dinge in Betreff der Kunst zu berühren, die von Euch oder Anderen etwa zusammengestellt und aufgezeichnet, nicht ganz ohne Nutzen für Viele sein würden, welche, obwohl Maler, nicht genau wissen was eigentlich die Malerkunst bedeutet: eine Unwissenheit, die sie eben hochmüthig und verbissen macht, da sie sich einbilden, dass Malen eine leichte und Jedem zugängliche Aufgabe sei, während es hingegen ausserordentlich schwierig und nur Wenigen erreichbar ist. Selbst den Pflegern der Literatur musste wohl eine

---

[1]) Der Ausspruch „veritas odium parit" gehört zu den vielen charakteristischen Emblemen P. Aretinos, mit denen er sein Porträt zu illustriren liebte. Er findet sich auf zwei Medaillen, der Avers einer derselben zeigt das Porträt Aretin's mit der Umschrift DIVVS . P . ARETINVS . FLAGELLUM . PRINCIPVM; auf dem Revers ein Lorbeerkranz mit der genannten Inschrift S. Mazuchelli, La vita di P. A. ec. p. 134. — Andere Inschriften auf Medaillen des Aretino, i principi tributati dai popoli . il servo loro tributano. — totus . in . toto . et . totus . in qualib . parte . — sind nicht minder grosssprecherisch.

solche Abhandlung zu Statten kommen, schon wegen der zwischen Maler und Schriftsteller waltenden Conformität.

Fab. Was mich betrifft, lieber Freund, so werde ich, gestützt auf unsere gegenseitige Vertraulichkeit nicht anstehen, Euch ein klein wenig von dem einzuschlagenden Wege, d. h. von der beabsichtigten Anordnung des Gegenstandes abzulenken, und Euch zu bitten, vor Allem ein Paar Worte über den Adel der Malerkunst zu sagen; denn wenn ich auch schon Manches darüber gelesen habe, so liegt es mir nicht mehr im Gedächtnisse; abgesehen davon, dass das, was das lebendige Wort vorbringt, immer etwas Besonderes an sich hat. Vor Allem solltet Ihr mir auseinandersetzen, ob Jemand, der kein Maler ist, fähig sei, über Malerei zu urtheilen? Wahr ist's, dass ich in Euch selbst ein Beispiel vorfinde, da Ihr ohne jemals einen Pinsel in der Hand gehabt zu haben, ein wie bemerkt ungemein scharfsinniger Beurtheiler dieser Kunst seid; doch gibt es auch nur einen einzigen Aretino. Ich aber möchte schon darum etwas Näheres darüber erfahren, weil es Maler gibt, die da lachen, wenn sie Literatur über Malerei sprechen hören.

Aret. Solche Maler müssen zu jenen gerechnet werden, die vom Maler nur den Namen führen; hätten dieselben nur einen Funken Verstand, so wüssten sie, dass ein Schriftsteller auch Maler, dass Malerei auch Poesie und Geschichte ist; kurz dass alle Schöpfungen des gebildeten Geistes zugleich Malerei sind. Daher ward auch Homer von unserem Petrarca genannt:

„Der erste Maler der vergang'nen Dinge."
(Primo pittor de le memorie antiche.)

Doch nun will ich, bester Fabrini, soviel ich vermag, Euere anderen Fragen insgesammt erledigen, was gerade heute um so leichter sein kann, als wir, ohne befürchten zu müssen von Jemanden gestört zu werden, Musse und Bequemlichkeit genug zum Gedankenaustausche haben dürften; nachdem fast die ganze

Stadt mit der Besichtigung der Vorbereitungen beschäftigt ist, welche zum Empfange der Königin von Polen [1]), die heute hier einziehen soll, gemacht werden. Zunächst behaupte ich, dass im Menschen die Urtheilskraft im Allgemeinen aus der Erfahrung und dem Vertrautwerden mit den Dingen entsteht. Da nun dem Menschen nichts vertrauter und zugänglicher als der Mensch ist, so folgt daraus, dass Jedermann im Stande ist, über das, was er täglich sieht, d. h. über die Schönheit und Hässlichkeit von irgend welchem Menschen sich ein Urtheil zu bilden. Denn die Schönheit ist nichts Anderes als das Resultat der richtigen Proportionen, welche gewöhnlich dem menschlichen Körper sowohl im Ganzen, als auch den einzelnen seiner Glieder untereinander eigen sind, während die Hässlichkeit aus dem Gegentheile entsteht. Da nun die Beurtheilung dieses Ebenmaasses dem Auge anheimfällt, so frag' ich: wer sollte da nicht das Schöne vom Hässlichen unterscheiden? Gewiss Niemand, sobald ihm nicht Augenlicht und Verstand vollständig abgehen. Hat aber der Mensch, wie er sie auch thatsächlich hat, eine solche Kenntniss der wirklichen Form, die unser Individuum, d. h. die der lebende Mensch aufweisen soll; warum soll er sie nicht auch in noch höherem Grade von der nachgeahmten und todten Form, was eben die Malerei ist, haben?

Fab. Möglicherweise, lieber Freund, werden die Maler darauf erwiedern: sie bestritten durchaus nicht, dass die Natur, die Gesammtmutter aller geschaffenen Dinge, so gut sie allen Menschen ein gewisses Verständniss des Guten und des Bösen verlieh, sie das auch bezüglich des Schönen und des Hässlichen gethan habe; dass aber in derselben Weise, als zur eigentlichen und genauen Kenntniss des Guten und des Bösen, Gelehrsam-

---

[1]) Bona Sforza, Tochter des Giovanni Galeazzo Sforza, Herzogs von Mailand, und der Isabella von Arragonien, Gemalin Sigismund I., Königs von Polen, kam nach Venedig im Jahre 1555 und starb daselbst 1558.

keit und Bildung nothwendig sind, so auch zur Unterscheidung des Schönen und Hässlichen ein feiner Geschmack und ein besonderer Kunstsinn benöthigt werden, die nur dem Maler eigen sind.

Aret. Das ist kein entscheidender Grund, denn etwas anderes ist das Auge, etwas anderes der Geist. Das Auge kann sich im Anschauen nicht täuschen, wenn es nicht krank, schielend oder durch irgend welchen Zufall gestört ist, während der Geist sich allerdings und oft irrt, sobald er von Unwissenheit oder Voreingenommenheit umflort ist. Der Mensch wünscht naturgemäss das Gute; aber er kann in der Wahl irren und das für gut halten, was schlecht ist; was gewöhnlich jene thun, die sich lieber zum Nützlichen als zum Rechtschaffenen wenden. Daher das Bedürfniss der Philosophie.

Fab. Das Nämliche lässt sich auch vom Auge sagen, welches von einem gewissen Scheine getäuscht, gar oft was hässlich ist für schön, und was schön ist für hässlich hält.

Aret. Bereits sagte ich Euch, dass die grössere Erfahrung das Verständniss heranbildet und nun behaupte ich, dass der Geist sich leichter täuscht als das Auge. Dennoch seid immerhin überzeugt, dass in alle Menschen ein gewisses natürliches Verständniss des Guten und des Bösen, so auch des Schönen und des Hässlichen soweit gelegt ist, dass sie Beides erkennen, und dass es Viele gibt, die ohne literarische Bildung, ganz richtig über Dichtungen und dergleichen Werke urtheilen, wie ja ohnehin die Menge es ist, welche Dichtern, Rednern, Schauspielern, Musikern und in noch höherem Grade Malern ihren Ruf im Allgemeinen verschaffen. Daher sagte Cicero, dass so gross auch von jeher der Unterschied zwischen Weisen und Unwissenden war, dieser Unterschied in der Art ihres Urtheiles doch sehr klein erschien, und was Apelles betrifft, so wissen wir, dass er seine Werke dem öffentlichen Urtheile vorzulegen pflegte; sowie man auch hinzusetzen könnte, dass die drei

Göttinnen das Urtheil über ihre Schönheit einem Schäfer überlassen haben.

Doch hab' ich hier im Allgemeinen nicht die Menge, wohl aber einige bevorzugte Talente vor Augen, welche nachdem sie ihren Geist durch die Literatur und die Praxis geschärft, mit Verlässlichkeit über verschiedene Dinge, vor Allem aber über Malerei urtheilen können, die vom Auge, dem am wenigsten Irrthümern unterworfenen Instrumente, abhängig ist, und die der Natur im Nachbilden der Gegenstände, die wir immer vor uns haben, nahe kommt. Bedenkt, dass Aristoteles über Poesie schrieb und kein Poet war; er schrieb auch über Rhetorik und war kein Rhetor; nicht minder schrieb er (da Ihr mir einwenden könntet, dass er möglicherweise jene Dinge gelernt, aber nicht ausgeübt habe) über Thiere und andere Sachen, die nicht zu seinem Wirkungskreise gehörten. Ebenso schrieb Plinius Abhandlungen über Edelsteine, Statuen und Malerei, und war doch kein Steinschneider, kein Bildhauer, kein Maler. Allerdings leugne ich nicht, dass der Maler von gewissen Details Kenntniss haben dürfte, die Jemand, der kein Maler ist, kaum erfassen wird; aber so wichtig dieselben auch für das Schaffen sein mögen, so unwichtig werden sie zum Abgeben eines gesunden Urtheiles erscheinen. Ich glaube durch diese wenigen Worte hinlänglich nachgewiesen zu haben, dass Jedermann von Verstand, der Fähigkeit mit Erfahrung in sich vereinigt, über Malerei urtheilen könne; besonders wenn er sich mit der Antike und den Bildern guter Meister vertraut gemacht hat, weil ihm dann bei einer gewissen Vorstellung des Vollkommenen, die er sich im Geiste eingeprägt haben mag, ein Leichtes sein muss zu urtheilen, inwieweit die vorliegenden Werke jener Vorstellung nahe kommen oder nicht.

Fab. Bis hieher erkläre ich mich für befriedigt. Fahrt nur fort über die Würde der Malerei zu sprechen; denn es gibt Manche, welche dieselbe wenig hochschätzen, sie vielmehr für eine blos mechanische Kunst halten.

Aret. Solche Leute, mein lieber Fabrini, ahnen nicht, wie sehr die Malerei uns und der Welt im Allgemeinen zum Nutzen, der fast Bedürfniss ist, und zur Zierde gereiche. Es steht fest, dass eine Kunst um so edler ist, je mehr sie von höheren Persönlichkeiten und Intelligenzen geachtet wird. Nun stand gerade die Malerei zu jeder Zeit bei Königen, Kaisern und Gelehrten in hohen Ansehen; sie ist also von sehr edler Art. Dies lässt sich leicht durch die Beispiele nachweisen, die sich bei Plinius und bei verschiedenen anderen Autoren vorfinden, welche uns erzählen, dass Alexander der Grosse das ausserordentliche Verdienst des Apelles so sehr würdigte, dass er ihm nicht Juwelen und Schätze, wohl aber seine geliebte Campaspe selbst schenkte, nur weil er bemerkte, dass Apelles, welcher sie nackt abgebildet hatte, in sie verliebt ward; eine unvergleichliche Grossmuth das und weit grösser, als wenn er ihm ein ganzes Reich geschenkt hätte, da es mehr Werth hat das, was man liebt, als Königreiche und Kronen zu verschenken.

Fab. Heutzutage gäbe es wohl keinen Alexander.

Aret. Hierauf verordnete er, dass ihn Niemand, ausgenommen Apelles, nach der Natur aufnehmen dürfe, und gewann nach und nach die Malerei so sehr lieb, dass er öfters den grossen Künstler besuchte, stundenlang vertraulich mit ihm plauderte und ihm beim Malen zusah. Das war derselbe Alexander, welcher einerseits von Aristoteles, der sein Lehrer war, sehr genau in philosophische Dinge eingeweiht wurde, anderseits aber seinen höchsten Ruhm in den Waffen und im Bekämpfen und Besiegen der Welt suchte. Ebenso liest man, dass König Demetrius, der mit einem grossen Heere vor Rhodus lagerte, und diese Stadt mit Leichtigkeit nehmen konnte, sobald er nur an einem gewissen Theile derselben, wo sich ein Bild des Protogenes befand, Feuer anlegen liess, es dennoch vorzog, trotz dem heissen Wunsche, die schöne Stadt zu besitzen, selbe nicht einzunehmen, als ein Werk des Protogenes den Flammen zu überantworten; er legte mehr Werth auf ein Bild, als auf eine Stadt.

Fab. Das ist ein glänzendes Beispiel zu Ehren der Malerei. Aret. Es gibt deren noch andere. So z. B., dass ein Feind des Apelles ihn zum Bankette eines gewissen Königs führte, der ihm nicht gut war; der Fürst, ihn erkennend, frug mit finsterem Blicke, wer ihn zu der Frechheit verführt habe, sich so kühn zu seiner Tafel zu begeben? Apelles, welcher Denjenigen, der ihn dahin gewiesen hatte, nicht vorfand, nahm ein Stück Kreide, und zeichnete damit auf der Wand augenblicklich das Ebenbild seines Feindes mit solcher Aehnlichkeit, dass der König, als ihm Apelles zurief: „Das ist Derjenige, der mich hieher führte!" diesen sogleich aus der flüchtigen Skizze erkannte, und dem Künstler blos aus Bewunderung für seine Geschicklichkeit sich wieder gnädig erwies. Ausserdem müsst Ihr wissen, dass die Fabier eine der edelsten Familien Roms, auch „die Maler" benannt wurden, weil der erste dieser Familie in jener Stadt den Tempel der Gesundheit ausgemalt hatte.

Fab. Ich erinnere mich, dass Quintus Pädius, Neffe des Cäsar, und nebst Octavius (später Augustus genannt) dessen Erbe, da er stumm geboren war, vom Rhetor Messala dem Studium der Malerei zugewendet wurde, und dass dieser Entschluss den Beifall des Augustus fand, der wohl erkannte, dass es nach der schönen Literatur nichts Edleres gibt als die Malerei, und dass man mittelst dieser herrlichen Kunst den von der Natur begangenen Fehler wieder gut machen wollte. Ausserdem weiss ich, dass mehrere Gelehrte zugleich auch Maler waren; so z. B. Pacuvius, ein Dichter des Alterthums; Demosthenes, der Fürst der griechischen Redner; Metrodorus, der gleichfalls Maler und Philosoph war; ebenso hat auch unser Dante das Zeichnen gelernt.

Aret. Heute noch haben wir in Venedig den Monsignor Barbaro, erwählten Patriarchen von Aquilea, eine Persönlichkeit von hohem Verdienste und grosser Güte, sowie auch den gelehrten Edelmann Francesco Morosini, welche Beide sehr anmuthig zeichnen und malen; ausserdem auch eine Unzahl anderer Edlen, die sich mit Malerei beschäftigen; darunter Herrn Alessandro Contarini[1]), der für die schöne Literatur und andere Kunstzweige grosses Talent zeigt. Aber — um bei der Grösse erhabener Fürsten zu bleiben — was soll man von Karl V. sagen, der gleich Alexander dem Grossen, trotz der fast ununterbrochenen Mühen und grossen Arbeiten, die ihm der Krieg verursacht, es dennoch nicht unterlässt sich auch um die Malerei, die er liebt und schätzt, zu bekümmern? so zwar, dass nachdem der Ruhm des göttlichen Tizian auch an sein Ohr gelangte, er ihn zweimal huldvoll an seinen Hof berief[2]), wo ihm gleiche Ehren, wie den höchsten dort versammelten Persönlichkeiten, und ausserdem Privilegien, Gnadengaben und der reiche Lohn

---

[1]) Alessandro Contarini, seit 1538 Procurator von S. Marco, stund mit Dolce in lebhaftem Verkehre. An ihn ist das von uns im Anhange mitgetheilte Schreiben gerichtet, in welchem Tizian's „Venus und Adonis" beschrieben wird.

[2]) Tizian wurde zweimal, 1529 und 1532, nach Bologna, und zweimal, 1548 und 1550, nach Augsburg von Karl V. gerufen. Tizian porträtirte Kaiser Karl V. mehrmal; einmal in Bologna 1529, das Porträt ist im Museum zu Madrid; ein zweitesmal ebenfalls in Bologna 1532; es ist gleichfalls in Madrid; 1536 soll Tizian Karl V. nach seiner Rückkunft aus Afrika gemalt haben; das Bild ist verschollen. Das Porträt Karl's V. vom Jahre 1548 ist in der Pinakothek in München. Vasari berichtet ungenau über die persönlichen Berührungen Tizian's mit Karl V. S. A. Krafft, Catalog der Gemäldegallerie im Belvedere, herausgegeben von R. v. E. Wien, 1854. S. 74—76. Im Jahre 1550 malte Tizian den Kaiser in Augsburg. Ein reizendes kleines Porträtbild des Kaisers in ganzer Figur von der Hand Tizian's findet sich in der k. Gallerie im Belvedere zu Wien.

von tausend Scudi für ein einziges Porträt zu Theil wurden, das er von ihm in Bologna malte. Selbst Alfons, Herzog von Ferrara[1]), erwies sich als warmer Gönner der Malerei, und gab seinerseits demselben Tizian dreihundert Scudi für sein von ihm verfertigtes Bild, das später von Michel Angelo, der das Bild zu sehen bekam, mit den Worten hochgepriesen wurde: Er habe nie geglaubt, dass die Kunst eine solche Vollkommenheit erreichen könne, und dass Tizian allein den Namen eines Malers in Wahrheit verdiene.

Fab. Ganz gewiss ist die Kunstgrösse dieses Mannes eine so bedeutende, dass, wenn der Kaiser und der Herzog von Ferrara ihm auch eine Stadt geschenkt hätten, sie ihn damit noch nicht nach vollem Verdienst belohnt haben würden; doch hindert das Alles noch nicht, dass Michel Angelo immer — Michel Angelo bleibt.

Aret. Hört nur weiter zu. Auch König Philipp[2]), würdiger Sohn eines so erhabenen Fürsten, achtet und liebt die Malerei, und es ist kaum daran zu zweifeln, dass er dereinst die vielen Arbeiten, die Tizian ihm öfter zugesendet, in einer, wie ich hoffe, der Munificenz eines solchen Herrschers, und

---

[1]) Mit dem Hofe von Ferrara stund Tizian seit dem Jahre 1516 in ununterbrochener Verbindung; die ersten Beziehungen zum Hofe von Mantua datiren von 1523; in das Jahr 1537 fallen die Porträte des Francesco Maria, Herzogs von Urbino, und seiner Gemalin Eleonora. Das lebensgrosse Kniestück, Alfons I. von Ferrara mit Lucrezia und einem kleinen Prinzen vor Maria ist in der Dresdener Gallerie. — Das auch von Vasari gepriesene Gemälde „Bacchus und Ariadne" 1514 von Tizian für Alfons I. gemalt, ging 1825 in die englische Nationalgallerie über. In Ferrara befinden sich jetzt nur wenige Gemälde Tizians.

[2]) Philipp II. und Tizian stunden in lebhaftem Verkehr. Am 22. October 1561 schrieb Philipp II. an Tizian wegen einigen Gemälden (Gaye III. 59.). Am 5. August 1564 berichtet Tizian über ein Abendmal, das er nach siebenjähriger Arbeit für den König vollendet hatte; vom 5. Juli 1571 ist das Patent Philipp's II. datirt, in welchem der König dem Maler einige Begünstigungen betreffs seiner Testamentsverfügungen macht.

dem Werthe eines solchen Künstlers entsprechenden Weise entlohnen werde. Uebrigens höre ich, dass diese beiden Monarchen ebenfalls mit dem Zeichnen vertraut sind. Enea Vico Parmegiano [1]), welcher nicht blos der beste Kupferstecher, den wir gegenwärtig besitzen, sondern ausserdem auch ein literarisch gebildeter Mann, und ein genauer Kenner historischer Dinge ist, wie man dies leicht aus den Werken zu seinen Medaillen, und aus der Genealogie der Cäsaren ersehen kann; dieser ausgezeichnete Künstler erzählte mir einige Jahre nach seiner Rückkehr vom Hoflager, dass, als er einst dem Gebieter die Kupfertafel zeigte, auf welcher sein Grabstichel unter allerlei auf den Ruhm und auf die Grossthaten des Fürsten sich beziehenden Verzierungen und allegorischen Figuren, das trefflich gelungene Bildniss desselben angebracht hatte, dieser die Tafel in die Hand nahm, sie bei einem Fenster in das rechte Licht stellte, und nach längerer aufmerksamer Prüfung nicht blos den Wunsch äusserte, dass man davon mehrere Abdrücke ziehen möge, was indessen nicht geschehen konnte, weil die Kupfertafel vergoldet war, sondern auch geraume Zeit hindurch sich mit ihm über Erfindung und Zeichnung eingehend unterhielt, und dabei bewies, dass er von der Sache fast ebenso viel verstehe, wie Viele, die von der Kunst sind. Zugleich liess er dem Künstler zweihundert Scudi auszahlen.

Fab. Mir selbst fällt nun ein, bei Suetonius gelesen zu haben, dass auch Kaiser Nero, der sonst ausschweifend und grausam war, malte und vortreffliche Basreliefs aus Thon bildete; nicht minder, dass Julius Cäsar für Gemälde und Intaglios sehr eingenommen war.

---

[1]) Ennea Vico aus Parma, Kupferstecher. Die Daten auf seinen Stichen gehen von 1541 bis 1560. Den Porträtstich Karl des V. beschreibt A. Bartsch P. G. XV. p. 339. n. 255; er bringt die Inschrift: INVENTVM SCVLPTVMQVE AB AENEA VICO PARMENSE . MDL.

Aret. Dafür eingenommen waren ferner auch Kaiser Hadrian, Alexander Severus, Sohn der Mammea, und mehrere Andere. Wollen wir aber die Preise in Betracht ziehen, um welche viele Gemälde angekauft wurden, so werden wir dieselben fast masslos finden. Liest man doch, dass Tiberius eines davon mit sechszig Sestertien, das heisst mit hundertfünfzig römischen Silber-Lire bezahlte; dass König Attalus ein Bild des Thebaners Aristides für hundert Talente, was nach unserem Gelde 60.000 Scudi ausmacht, kaufte.

Fab. Ich weiss sogar, dass es ebenso Maler gegeben hat, und zu diesen zählte Zeuxis, welche in der Ueberzeugung, dass weder Silber nach Gold hinreichend wären, ihre Werke gebührend zu belohnen, selbe lieber verschenkten.

Aret. Thatsache ist es, dass heutzutage die Fürsten im Entlohnen solcher rühmlicher Werke, wie nicht minder der wackeren Arbeiten der Schriftsteller, viel zurückhaltender sind.

Fab. Diese Thatsache eben veranlasste den scharfsinnigen und gefälligen Martial zu sagen:

„Lass' Mäcenaten, Flaccus nur erstehen,
Dann wird auch heute ein Virgil nicht fehlen" [1].

Aret. Indessen, ausser dem, was bezüglich Tizian's erwähnt worden ist, so wurde auch Leonardo da Vinci, der grosse Maler, reichlich beschenkt und hoch geehrt von Philipp, Herzog von Mailand, und vom grossmüthigen König Franz von Frankreich, in dessen Armen er hochbejahrt starb [2]. So auch Rafael vom Papst Julius II. und dann von Leo X. und Michel Angelo

---

[1] Die Stelle des Martial, Ep. VIII. 56 lautet:
Sint Maecenates, non deerunt, Flacce, Marones,
Virgiliumque tibi vel tua rura dabunt.

[2] Dass Lionardo da Vinci nicht in den Armen des Königs Franz I. starb, ist hinlänglich bekannt. Lionardo starb am 2. Mai 1519 zu Cloux bei Amboise, während der König Franz mit seinem Hofe sich zu Saint Germain en Laye aufhielt. – Philipp, Herzog von Mailand – ist wohl Lodovico Sforza gemeint.

von diesen beiden Kirchenfürsten sowohl, als auch von Papst Paul III., der gleichzeitig auch Tizian ausserordentlich schätzte, welcher während seines Aufenthaltes in Rom ihn porträtirte [1]), und die reizende Nudität für den Cardinal Farnese malte [2]), die mehrmals von Michel Angelo mit Bewunderung besichtigt wurde; nebstdem ist er oft von Herzogen und grossen Herren, sowohl Italiener als Deutsche, um Arbeiten angegangen worden.

Fab. Mit Recht wurden die Maler immer besonders geachtet; denn es hat den Anschein, dass gerade sie die übrigen Menschen an Geist und Muth übertreffen, indem sie es wagen durch ihre Kunst das nachzuahmen, was Gott geschaffen hat, und dies zwar in einer Weise thun, dass uns die gemalten Dinge wie natürliche erscheinen. Daher begreife ich ganz gut, dass die Griechen, welche den hohen Werth der Malerkunst wohl erkannten, den Sclaven das Malen untersagten und so auch, dass Aristoteles diese Kunst von den mechanischen Kunstfertigkeiten unter dem gleichzeitigen Verlangen genau trennt, dass in den Städten eigene öffentliche Schulen, wo die Kinder diese Kunst zu erlernen hätten, eingeführt werden sollen.

Aret. So haben wir bis hieher die Würde der Malerei in der Hauptsache behandelt, und dabei erfahren, welch' hoher

---

[1]) Das Porträt Paul III., gemalt von Tizian zu Rom im Winter 1545, befindet sich in der Gallerie in Neapel, und ist oft wiederholt worden. Vasari schreibt darüber an Bened. Varchi am 12. Februar 1547: „Wir sahen, dass in unseren Tagen die Augen Vieler getäuscht wurden, als sie das Porträt des Papstes Paul III. sahen, das um gefirnisst werden zu können, auf einer Terrasse der Sonne ausgestellt war; viele, die vorübergehend es sahen, glaubten den Kopf lebendig und grüssten ihn."

Das Porträt des Cardinals Farnese ist in der Gallerie Corsini in Rom. Vas. XIII. p. 35. n. 1. Die „reizende Nudität", eine Danaë, kömmt dreimal vor, einmal in Petersburg, das andere Mal in der Belvederegallerie in Wien, das dritte Mal in der Gallerie in Neapel. Letztere hält Waagen (die vorn. Bilddenkmäler in Wien I. 41) für die vorzüglichste. Tizian malte dieselbe 1545 in Rom, jedoch nicht für den Cardinal, sondern für den Herzog Ottavio Farnese.

Achtung sich die guten Maler von jeher erfreuten, und noch immer erfreuen. Prüfen wir nun, wie sehr diese Kunst auch zum Nutzen, zum Vergnügen und zur Zierde gereiche. Vor Allem unterliegt es keinem Zweifel, dass es für uns ein grosser Vortheil ist, das Bild unseres Erlösers, der heiligen Jungfrau und anderer Heiligen vor Augen zu haben; woraus sich erklären lässt, dass obwohl einige Kaiser, besonders griechische den öffentlichen Gebrauch der Heiligenbilder verboten, dieser dennoch von vielen Päpsten in den heiligen Concilien genehmigt worden ist, und die Kirche Jene für Häretiker erklärt, welche sie nicht gelten lassen wollen. Denn diese Bilder sind nicht blos, wie sie von gewissen Leuten genannt werden, die Bücher der Ungebildeten, sondern sie erwecken auch in wohlthuender Weise die fromme Sammlung der Gebildeten, indem sie Diese und Jene zur Meditirung dessen, was sie darstellen, bewegen. Und wirklich wird erzählt, dass Julius Cäsar, als er in Spanien eine Statue Alexander des Grossen sah, in Thränen ausbrach, da er bei ihrem Anblicke daran dachte, dass jener Alexander in dem Alter, in welchem er selbst sich damals befand, fast die ganze Welt schon erobert hatte, während er noch nichts für den Ruhm gethan habe; was ihn so sehr mit Drang nach Unsterblichkeit erfüllte, dass er von da an jene hohen Waffenthaten unternahm, durch welche er später den grossen Alexander nicht nur erreichte, sondern ihn sogar noch übertraf. Desgleichen schreibt Sallustius, dass Quintus Fabius und Publio Scipio zu sagen pflegten, so oft sie die Bildnisse ihrer Ahnen betrachteten, fühlten sie sich selbst zu edlen Thaten angespornt. Nicht als ob das Wachs oder der Marmor, woraus jene Bildnisse bestanden, an und für sich eine solche Wirkung ausübten; wohl aber weil das Herz dieser grossen Männer beim Andenken an jene vergangenen Heldenthaten höher schlug, und sich nur dann zufrieden gab, wenn sie durch ihre eigenen Leistungen den Ruhm der Väter eingeholt hatten. Die Bildnisse der edlen und tüchtigen Menschen begeistern also, wie ich sagte, die Anderen zu gleich tugendhaften und ausgezeichneten Handlungen. Aber auch abseits vom Gebiete der Religion, bringt die Malerkunst den Fürsten und Heerführern grossen Nutzen, indem sie ihnen im Vorhinein schon, das heisst noch bevor sie und ihre Heere sich zum Eroberungskampfe rüsten, die Lage der Orte und Städte vorzeichnet. So kann man denn behaupten, dass nur die Hand des Malers ihr eigentlicher Führer sei, weil das Zeichnen etwas dem Maler eigenthümliches ist. Ebenfalls auf das Gebiet der Malerei gehören die Seekarten; sowie nicht minder alle mechanischen Kunstfertigkeiten Ursprung und Form von ihr ableiten; denn Architekten, Maurer, Graveure, Goldarbeiter, Sticker, Tischler und selbst Schlosser, sie alle sind auf das Zeichnen, das wie gesagt dem Maler zukommt, angewiesen [1]).

Fab. Das Alles lässt sich nicht leugnen; weil, sobald man von etwas andeuten will, dass es schön ist, gesagt wird, dass es Zeichnung hat.

Aret. Was das Vergnügen anbelangt, so lässt sich dasselbe schon aus dem bisher Gesagten nachweisen. Dennoch will ich hinzusetzen, dass es kaum noch etwas gibt, was so anziehend ist, und das Auge so angenehm befriedigt, wie die Malerei; nicht einmal die Edelsteine oder das Gold. Beides gewinnt vielmehr an höherem Werth, sobald es irgend welche Gravirung, oder irgend welche Arbeit eines künstlerischen Meisters aufweist; seien es nun Menschengestalten, Thiere oder irgend etwas anderes, das Zeichnung und Anmuth verräth. Und das gefällt nicht blos den Kennern, sondern selbst dem gewöhn-

---

[1]) Die Bedeutung für alle Zweige der bildenden Künste, welche hier dem Zeichnen beigelegt wird, ist für die Renaissanceperiode charakteristisch; nicht minder bezeichnend ist es, dass eine Reihe von Kunsthandwerken, die in Venedig besonders geblüht haben, auf das Zeichnen gewiesen werde, als das Fundament ihrer Kunstübung.

lichen Idioten, ja sogar den Kindern, welche sobald sie etwas Gemaltes erblicken, fast immer mit dem Finger darauf deuten, und dabei den Eindruck machen, dass ihre kindlichen Herzen ganz von Lust erfüllt seien.

Fab. Castiglione [1]) sagt in einer schönen lateinischen Elegie [2]), dass das Nämliche auch bei seinen kleinen Kindern der Fall war, so oft sie sein von Rafael gemaltes Bildniss betrachteten, das sich gegenwärtig in Mantua befindet, und das ein Werk, würdig seines Namens ist.

Aret. Und wo endlich wäre Jemand, der nicht begriffe, welche Zierde die Malerei jeglichem Dinge verleiht? Oeffentliche und Privat-Gebäude mögen immerhin im Innern mit kostbaren Tapeten an den Wänden, Tische und Kästen mit herrlichen Teppichen bedeckt sein — ohne die Zierde schöner Malereien fehlt ihnen die Krone des reizendsten Schmuckes. Ebenso bieten von Aussen grössere Augenweide jene Façaden von Häusern und Palästen, welche von einem gewandten Meister gemalt wurden, als jene, die mit weissem Marmor, Porphyr oder

[1]) Castiglione Balthasar, geb. zu Casatico im Mantuanischen am 6. Dezember 1478, starb zu Toledo, wo Karl V. Hof hielt, am 2. Februar 1529. B. Castiglione, ein hervorragender Kunstfreund und Gelehrter seiner Zeit, insbesonders mit Rafael befreundet, vollendete 1518 den Cortegiano, welchen auch Dolce herausgab. Eine Monographie widmen ihm Serassi, Joly u. a. m. Eine eingehende Würdigung seines Lebens findet sich in Dumesnil „histoire des amateurs italiens" p. 1 -211. Das Porträt Castiglione's befindet sich gegenwärtig in der Gemäldegalerie des Louvre (s. Passavant I. c. II. p. 188).

[2]) Uxori Hippolitae.

Sola tuos vultus referens Raphaelis imago
Picta manu, curas allevat usque meas.
Huic ego delicias facio, arrideoque, jocorque,
Alloquor, et tanquam reddere verba queat,

Assensu, nutuque michi saepe illa videtur
Dicere velle aliquid, et tua verba loqui.
Agnoscit, balboque patrem puer ore salutat,
Hoc solor longos, decipioque dies.

goldverziertem Serpentinstein ausgefüllt sind. Aehnliches behaupte ich hinsichtlich der Klöster und Kirchen. Daher haben die von mir schon erwähnten Päpste nicht ohne Grund, die Gemächer des päpstlichen Palastes von Rafael, und die Kapellen des heiligen Peter und des heiligen Paul von Michel Angelo malen lassen; sowie unsere durchlauchtigste Signoria den Saal des grossen Rathes von verschiedenen mehr und minder tüchtigen Künstlern, je nach der Unreife jener Zeit, die noch nicht zum Vollkommenen in dieser Kunst gelangt war, malen liess. Ebenso liess sie daselbst zwei Bilder auch von Tizian ausführen; und wollte Gott, dass Alles dort von dieser Hand gemacht worden wäre! dann würde vielleicht dieser Saal heutzutage eines der schönsten und erhebendsten Schauspiele bieten, die man in ganz Italien zu sehen bekäme. Viel früher noch liess sie das Aeussere des sogenannten „Fondaco de' Tedeschi" von Giorgio de' Castelfranco[1]), und was den gegen die Merceria zu gewendeten Theil betrifft, von Tizian selbst, welcher damals noch ein Jüngling war, malen. Ich werde später noch Einiges darüber sagen; für jetzt genügt es zu constatiren, dass unter den barbarischen Gewohnheiten der Ungläubigen wohl die die schlimmste ist, dass sie das Herstellen von Bildnissen, sei es

---

[1]) Der Fondaco de' Tedeschi, nach dem Brande von 1504 nach dem Entwurfe Fra Giocondo's und dem Modelle des Girolamo Tedesco 1506 neu aufgebaut, wurde von Giorgione — oder wie er im venetianischen Dialecte hiess, „Mistro Zorzi da Chaselfrancho" — auf der Seite gegen den Canal hin mit Fresken verziert; Tizian malte die Seite gegen die Merceria. Die Arbeiten beider Künstler fallen in das Jahr 1508. Ein Theil der Fresken existirte noch am Ende des verflossenen Jahrhunderts, wenn auch zerstört, wie wir aus A. Zanetti's „Varie Pitture" sehen. Heut zu Tage sind nur wenige Fragmente vorhanden, die kaum mehr ein Urtheil gestatten (s. Burkhardt Cicerone I. 2. Aufl. p. 294). In den älteren Werken von Sansovino Ven. descr., Ridolfi, Boschini u. s. f. finden die Fresken Giorgione's und Tizian's eingehende Würdigung. Ueber Giorgione's Fresken s. insbesondere Crowe-Cavalcaselle l. c. II. 142—143.

durch die Malerei, sei es durch die Sculptur, bei sich nicht dulden. Endlich ist die Malerei auch eine Nothwendigkeit; denn ohne ihre Hülfe würden wir, wie sich das leicht bemessen lässt, weder Wohnungen noch irgend eines der Dinge haben können, die dem civilisirten Leben nothwendig sind.

Fab. Ihr habt nun lieber Freund, so viel mir scheint, sehr erschöpfend über die Würde der Malerei gesprochen. Habt nun die Gefälligkeit, den Gegenstand nach der angegebenen Ordnung weiter zu verfolgen, damit ich mir jenes Urtheil bilden könne, das ich eben anstrebe.

Aret. Wohl hätte ich mich viel weitschweifiger darüber aussprechen können; doch würde dies zu weit ab von dem Vergleiche geführt haben, welcher den Gegenstand unserer Unterredung bildet; das Gesagte mag genügen, euerer Aufforderung zu entsprechen. Zurückkehrend nun auf meinen ursprünglichen Weg, und nachdem ich die Malerei definirt, und die Aufgabe des Malers erörtert habe, werde ich nun den Gegenstand in allen seinen Theilen weiter entwickeln.

Fab. Diese Auseinandersetzung erfreut mich jetzt schon sehr, und ich merke, dass Ihr mit reichlichem Verständnisse und mit viel Methode von der Sache sprecht.

Aret. Nach meiner Ansicht besteht Alles, was die Malerkunst angeht, aus drei Theilen: Erfindung, Zeichnung und Colorit. Die Erfindung ist die Fabel oder das Geschichtliche, das der Maler entweder sich selbst wählt, oder ihm als auszuführender Gegenstand von Anderen angegeben wird. Die Zeichnung ist die Form, unter welcher er diesen Vorwurf darstellt Das Colorit bildet jene Tinten, mit welchen die Natur die verschiedenen belebten und unbelebten Sachen gemalt hat, da man auch bei ihr mit Recht sich so ausdrücken kann. Belebte, als da sind: die Menschen und die Thiere; unbelebte, wie: Steine, Gras, Pflanzen und dergleichen; obwohl auch diese in ihrer Weise belebt sind, da sie das sogenannte vegetabilische

Leben besitzen, welches sie erhält und ewig befruchtet. Doch will ich hier als Maler und nicht als Philosoph reden.

Fab. Mir erscheint Ihr so gut das Eine, wie das Andere.

Aret. Sehr erfreut, wenn es so ist. Beginnen wir nun mit der „Erfindung", bezüglich welcher ich behaupte, dass viele Momente dahin gehören, worunter die Anordnung und das Angemessene den ersten Rang einnehmen. Hätte ein Maler beispielweise einen Christus oder einen heiligen Paul, welcher predigt, darzustellen, so wäre es unangemessen, dass er sie nackt, oder als Soldaten, oder als Matrosen gekleidet malt; vielmehr müsste er ihnen eine dem Einen und dem Anderen entsprechende Gewandung geben; vor Allem aber dem Erlöser eine ernste und zugleich liebevoll milde, sanfte Physiognomie, sowie dem heiligen Paul ein Wesen, wie es einem so grossen Apostel zukommt, verleihen; so zwar, dass der Beschauer sich einbilden könne, ein wirkliches Ebenbild, sei es des Gebers unseres Heiles, sei es des Auserwähltesten der Erwählten, vor sich zu sehen. D'rum ward dem Donatello [1]), der einen Gekreuzigten von Holz gemacht hatte, nicht mit Unrecht vorgeworfen, dass er einen Bauer auf's Kreuz geschlagen habe; obwohl unsere Zeit Keinen, der dem Donatello in der Bildhauerei gleichkommt, und nur einen Michel Angelo, der ihn übertrifft, aufweisen kann. Ebenso müsste ein Maler, der Moses darzustellen hätte, demselben keine armselige Gestalt, sondern eine von Grösse und Majestät erfüllte geben; vor Allem wird er auf die besonderen Eigenschaften der vorzuführenden Personen, auf die Nationalität, auf die

---

[1]) Die Aeusserung Brunnellesci's über das in Holz geschnitzte Krucifix Donatello's wird in Vasari, im Leben Brunnellesci's erzählt. (III. p. 198 ed LM.) Das Krucifix befindet sich heutzutage in der Kirche S. Croce (Capell. Bardi, Ende d. l. Querschiffes, das Brunnelesco's in S. Maria Novella (Cap. links v. Chore). Bemerkenswerth ist es und bezeichnend für die Urtheilsfähigkeit Dolce's, dass er meint, ausser M. Angelo kam keiner in unserer Zeit dem Donatello gleich — ein Urtheil, dem wir gerne beistimmen. — Donatello lebte in Florenz 1383/86—1466, Filippo Brunellesci 1379—1446.

Sitten, Gegenden und Zeitepochen Rücksicht zu nehmen haben. Denn wenn er eine Waffenthat Cäsars oder Alexander des Grossen darstellen will, so wäre es unangemessen, dass die Soldaten dabei so bewaffnet wären, wie sie es heute sind, und er wird auch den Macedoniern andere Waffen als den Römern geben. Soll er ferner eine moderne Schlacht malen, so darf er sie nicht in antiker Art componiren, so wie es lächerlich wäre, wenn er bei Darstellung eines Cäsars, diesen etwa mit einem türkischen Turban oder mit einer Kappe gleich der unseren, oder nach venetianischer Tracht ausstatten würde.

Fab. Dieses Gebot der Angemessenheit liegt auch den Schriftstellern sehr nahe, so zwar, dass sie ohne dieselbe nichts Vollendetes zu schaffen vermögen. Das eben ist's, was Horaz mit Recht sagen lässt, es sei bei einem Theaterstücke sehr wichtig zu wissen, wer gerade spricht: ob der Diener oder der Herr; worauf er von den Eigenthümlichkeiten spricht, die man bei Achilles, Orestes, Medea und Anderen zu beobachten habe.

Aret. In diesem Sinne irrte Albrecht Dürer nicht blos bezüglich der Gewänder, sondern auch hinsichtlich des Ausdruckes der Köpfe. Da er ein Deutscher war, so malte er wiederholt die Mutter Gottes, und die sie begleitenden heiligen Frauen in deutscher Kleidung, und unterliess es auch nicht, den Juden deutsche Physiognomien nebst Schnurbärten, Haar-Trachten und Modegewändern, wie sie bei den Deutschen Gebrauch sind, zu geben [1]). Aber von diesen Fehlern der Angemessenheit und der Erfindung werde ich vielleicht Einiges hervorheben, wenn ich

---

[1]) In der Allgemeinheit, in welcher dies hier ausgesprochen, ist es gewiss unrichtig. A. Dürer malte die Mutter Gottes nicht mehr deutsch, als Bellini und Tizian sie venetianisch, Rafael florentinisch dargestellt hatte. Dass A. D. bestrebt war, sich von Modegewändern und Modecostümen zu emancipiren, ist wohl ohne Zweifel. Er stand in diesen Dingen vollständig auf dem Standpunkte der Renaissance. — Alb. Dürer geb. zu Nürnberg 21. Mai 1471, gest. ebendaselbst 1528.

zum Vergleiche zwischen Rafael und Michel Angelo gelangen werde.

Fab. Gerne möchte ich lieber Freund, dass Ihr nicht blos die extremen Mängel, in welche ohnehin nur die Idioten zu verfallen im Stande sind, berührtet, sondern auch jene Schwächen beleuchten würdet, die sich oft selbst Kunstgrössen zu Schulden kommen lassen.

Aret. Ich will es thun. Doch glaubt Ihr etwa, dass Albrecht Dürer ein Idiot gewesen sei? Er war ein vorzüglicher Maler, besonders in der Erfindung bewunderungswürdig. Wäre er in Italien und nicht in Deutschland geboren, wo man zu verschiedenen Zeitläufen hervorragende Talente, sowohl in der Literatur als auch in mancherlei Kunstzweigen auftauchen sah, wo aber gerade die Malerkunst nie zur Vollkommenheit sich emporschwang, bin ich überzeugt, dass er ein keinem Anderen nachstehender Künstler geworden wäre. Beweis dafür die Thatsache, die ich Euch verbürgen kann, dass Rafael selbst kein Bedenken hatte, Albrechts Zeichnungen, die er sehr lobte, in seinem Arbeitszimmer aufzuhängen; hätte derselbe auch kein anderes Verdienst als jenes des Gravirens gehabt, so würden um ihn unsterblich zu machen seine Kupferstiche genügen, die mit unvergleichlicher Zartheit die Wahrheit und die Lebhaftigkeit des Natürlichen derart wiedergeben, dass diese Arbeiten nicht gezeichnet, sondern gemalt, nicht gemalt, sondern lebendig zu sein scheinen.

Fab. Ich habe einige seiner Stiche gesehen, welche in dieser Beziehung mich wirklich überraschten.

Aret. So viel was die Angemessenheit betrifft. Hinsichtlich der Anordnung hat der Maler partienweise Alles, was auf den zu malenden Gegenstand sich bezieht, so zweckmässig zu sammeln, dass er den Beschauer glauben lasse, die Sache selbst könnte nicht anders beschaffen sein, als sie eben dargestellt erscheint. So stelle er nicht in den Vordergrund was rückwärts, nicht rückwärts was im Vordergrunde stehen soll, und ordne die Dinge auf das Genaueste so an, wie es in Wirklichkeit der Fall gewesen sein muss.

Fab. Dasselbe lehrt auch Aristoteles in seiner Poetik den Tragödien- und Comödienschriftstellern.

Aret. Betrachten wir Timantes, einen der gerühmten Maler des Alterthums. Er hat Iphigenie, die Tochter Agamemnons und die Heldin der schönen Tragödie des Euripides, welche von Dolce[1]) übersetzt, vor einigen Jahren hier in Venedig aufgeführt wurde, in dem Augenblicke gemalt, da sie vor dem Altare, als der Diana geweihtes Opfer den Todesstreich erwartet. Da nun der Künstler auf den Gesichtszügen der Zuschauer alle Abstufungen des Schmerzes ausgedrückt hatte und kaum hoffen durfte einen noch höheren Schmerzausdruck im Antlitze des trauernden Vaters zum Vorschein bringen zu können, so stellte er ihn so dar, dass er sich das Gesicht mit einem Linnen, oder mit dem Saum des Kleides verhüllt. Hier hat Timantes die Angemessenheit auch dadurch beobachtet, dass bei Agamemnon anzunehmen war, er könne als der Vater es nicht ertragen, die Tochter unter seinen Augen abschlachten zu sehen.

Fab. Das war in Wirklichkeit ein vortrefflicher Einfall.

Aret. Auch Parrhasius, ebenfalls ein gefeierter Maler derselben Zeitepoche, malte zwei Figuren, von welchen die eine den Sieg bestreitend, wie im Schweisse gebadet aussah, während die zweite die Waffen ablegte, und tief Athem zu holen schien. Diese zwei Beispiele von Malern des Alterthums zeigen, von welcher Wichtigkeit für die Malerei die Erfindung sei; denn sie ist die Quelle oder doch die Begleiterin aller anderen Vorzüge der Zeichnung. Ich werde später nicht ermangeln, hiefür

---

[1]) Die Uebersetzung der Iphigenie des Euripides durch L. Dolce erschien zum erstenmale 1551 bei Giolito in Druck. Sie erlebte fünf Auflagen. Im Jahre 1543 erschien die Uebersetzung der Hekuba, 1557 die der Medea, 1566 die der Jokaste.

auch einige Beispiele von modernen Malern zu citiren. Ebenso soll der Maler sich Schauplatz und Gebäude der Eigenthümlichkeit des Landes entsprechend vorstellen, damit er nicht Diesem zuweise, was Jenem zukommt. Daher jener Maler nicht sehr verständig zu Werke ging, welcher Moses darstellend, der dem Felsen durch den Schlag seines Stabes das von den Juden so sehr ersehnte Wasser wunderartig entströmen liess, eine blühende Landschaft, reich an Vegetation und umgeben von lieblichen Hügeln hinzumalte: erstens weil die Geschichte meldet, dass dieses Wunder in der Wüste vor sich ging; zweitens weil es in den fruchtbaren Gegenden ohnehin immer Wasser genug gibt.

Fab. Jedenfalls thut es Noth, dass der Maler einen regen Geist besitze, und über die Erfindung nicht die Hände in den Schooss lege. Seht nur, wie sinnig Horaz am Anfange seiner an die Pisonen gerichteten Poetik, indem er ebenfalls auf die Erfindung zu sprechen kommt, und das Beispiel hiezu vom Maler nimmt (da ja Maler und Dichter, wie schon gesagt, gleichsam Brüder sind), uns die Idee einer höchst unangemessenen Erfindung in jenen Versen vorführt, die beiläufig[1]) so lauten:

„Wenn ein Menschengesicht auf den Pferdhals ein Maler wollt' setzen,
Und den Körper sodann mit allerlei Federn bedecken,
Fügend von überall her die Glieder, so dass zu ecklem
Fische das würde zum Schluss, was oben ein lächelndes Weib wär':
Würde wohl solches im Bild euch, Freunde, zum Lachen nicht zwingen?"

---

[1]) Das „beiläufig" bezieht sich auf die italienische Uebersetzung des Horaz von Dolce, die später unter folgendem Titel in Venezia appresso Gabriel Giolito de Ferrari 1559 erschienen sind: I dilettevoli Sermoni, altrimenti Latine, e le morali epistole di Horatio, Illustre Poeta Lirico, insieme con la Poetica. Ridotte da M. Lodovico Dolce dal Poema Latino in versi Sciolti Volgari. Con la vita di Horatio." Die Verse des Horaz lauten:

Humano capite cervicem pictor equinam
jungere si velis, et varias inducere plumas
undique collatio membris, ut turpiter atrum
desinat in piscem mulier formosa superne;
spectatum admissi risum teneatis, amici! —

Aret. Das besagt meiner Ansicht nach, dass die gesammte Haltung einer Darstellung, die mehrere Figuren umfasst, ein Ganzes bilden müsse, das harmonisch in einandergreift. Wenn ich zum Beispiel das in der Wüste vom Himmel fallende Manna in einem Bilde darstellen wollte, so müsste ich es so einrichten, dass alle bei der Sache dargestellten Juden in verschiedenen Stellungen dieses göttliche Brot einsammeln; dass Alle eine grosse Sehnsucht darnach und auch grosse Freude an den Tag legen, und es nicht etwa aussehe, als sei irgend einer unter ihnen zurückgesetzt worden. Genau so, wie es Rafael in seinem Bilde that, der ausserdem noch eine wirkliche Wüste mit Holzgebäuden, die der Zeit und dem Orte entsprechen, erdachte, dem Moses ein ernstes Wesen, eine lange bis zur Erde reichende Gewandung, eine hohe und würdige Haltung, ebenso aber den jüdischen Weibern gestickte Kleider, wie sie damals zu tragen pflegten, gab. Anderseits darf ich nicht verschweigen, da man die Wahrheit nie vorenthalten soll, dass Derjenige, welcher in dem Saal, den man „di sopra" nennt, neben dem Schlachtbilde von Tizian[1]), die Darstellung der von Alexander III. gegen Friedrich Barbarossa geschleuderten Excommunicirung malte, sich bei dieser geschichtlichen Darstellung einen Irrthum zu Schulden kommen liess. Nachdem er nämlich in seiner Composition Rom zeichnete, so scheint mir, dass er höchst ungehörig gegen die Angemessenheit gesündigt habe, indem er da eine so grosse Anzahl venetianischer Senatoren anbrachte, die

---

[1]) Dieses Gemälde ging bei dem Brande vom Jahre 1577 zu Grunde. Es wurde von Giorgione (nicht von G. Bellini) begonnen und nach dessen Tode von Tizian vollendet. Die Handlung, die es darstellt, ist nicht die von Dolce und Vasari erwähnte, sondern das Gemälde zeigte Friedrich Barbarossa in dem Momente, als er am Eingange zur Marcuskirche dem Pabste den Fuss küsst. s. Vasari ed. Le Monier. B. V p. 22. N. 6 — Ueber die Schlachtenbilder Tizian's, die auch Vasari ungenau beschreibt, siehe A. Majer „Della imitazione pittorica, della eccelenza delle opere di Tiziano." Venezia. 1818. p. 324 - 329.

ohne Grund einen Theil der Zuschauer abgeben. Denn es ist durchaus nicht wahrscheinlich, dass sie sich alle gerade zur selben Zeit dort eingefunden haben sollten, und haben sie ausserdem mit der Geschichte gar nichts zu schaffen. Tizian hingegen hat die Angemessenheit wunderbar und mustergiltig bei dem Bilde beobachtet, in welchem derselbe Friedrich sich vor dem Papste beugt und demüthigt, indem er ihm den Fuss küsst. Tizian bildete dort mit richtigem Verständnisse den Bembo, den Navager und den Sanazaro[1]), wie sie dem Acte zusehen, ab. Denn obwohl diese geschichtliche Thatsache viele Jahre vorher stattfand, sind die beiden Ersten in Venedig, ihrer Heimatstadt, erdacht worden; und was den Dritten anbelangt, so liegt es nicht ausser aller Wahrscheinlichkeit, dass er sich dabei befunden habe. Nebstbei ist es nichts besonders Ungehöriges, dass einer der grössten Maler der Welt in seinen Werken die Erinnerung und die Bildnisse der drei ersten Dichter und Gelehrten unserer Zeit aufbewahre, von denen zwei venetianische Edelleute waren, und der Andere eine solche

---

[1]) Andrea Navagero, geb. 1483, gest. 1528 in Blois, als Gesandter Venedigs am Hofe Franz I., ein thätiges Mitglied der Aldinischen Academie in Venedig. Er setzte die Geschichte Venedigs fort, welche Sabellico unvollendet gelassen hatte, verbrannte sie aber mit anderen seiner Schriften vor seinem Tode. Die Brustbilder A. Navagero's und Sannazaro's malte Rafael für Agost. Beazzano auf Einem Bilde einander gegenüber für ihren gemeinsamen Freund P. Bembo. In dem Hause des P. Bembo in Padua fand es der Anonymus des Morelli (p. 18). Jacopo Sanazzaro, Mitglied der Neapol. Academie, geb. 1458, lebte unter Leo X. in Rom und verfasste daselbst sein Gedicht: de partu virginis. Er starb zu Neapel. Das nachfolgende von Dolce übersetzte Gedicht ist ein Epigramm Sanazzaro's. Der Anonymus des Morelli fand in eben demselben Hause des Pietro Bembo ein Porträt Sanazzaro's vor. Eine Copie des Porträtes, vielleicht Seb. del Piombo, datirt von 1519, als in der Sammlung des C. Lancelotti befindlich wird von Passavant (Rafael II. 433) erwähnt. Im J. 1552 erschienen bei G. Giolito de' Ferrari „Le Rime di M. Jacopo Sanazzaro nuovamente corrette e reviste per M. Lodovico Dolce."

Vorliebe für unser ruhmvolles Venedig hegte, dass er in einem seiner Epigramme dieser Stadt sogar den Vorzug vor Rom gab. Dieses Epigramm würde aus dem Lateinischen übertragen, beiläufig also lauten: [1])

„Als Neptun einst die Adria-Stadt gesehen,
Die stolz auf Wogen thronend, gross und hehr,
Gesetze gibt von ihren Herrscherhöhen
Gebieterisch dem ganzen weiten Meer;

Magst, Jupiter — rief er — die Mars-Stadt oben,
Und den tarpëischen Felsen noch dazu,
Den Tiberfluss mehr als die See selbst loben
Prüfst Du die beiden Städte, sagst auch Du:

Durch Sterbliche die Römerstadt entstand,
Venedig nur durch ew'ger Götter Hand!"

Das nämliche Epigramm wurde zu einem anmuthigen Sonette von dem reichbegabten jungen Giovan Maria Verdezotto [2]) umgearbeitet, welcher literarische Bildung mit grosser Neigung zur Malerei vereinigt, und zeitweise selbst malt und zeichnet.

[1]) De mirabili urbe Venetiis.
Viderat Hadriacis Venetam Neptunus in undis
  Stare urbem, et toto ponere jura mari:
Nunc mihi Tarpejas quantumvis, Jupiter, arces
  Objice, et illa tui moenia Martis, ait.
Si pelago Tybrim praefers; urbem aspice utramque
  Illam homines dices, hanc posuisse Deos.

[2]) Verdizotto Giammaria, ein venetianischer Dichter, mit dem L. Dolce in mehrfacher Verbindung stand, dessen „Rime scelte" in Venedig 1568 herausgegeben wurden. Verdizotto versuchte sich auch in Gemälden, und zwar in Landschaften. Als Vasari 1566 in Venedig war, so machte er durch Tizian die Bekanntschaft mit Verdizotto „gentiluomo veneziano,'giovane pien di virtù, amico di Tiziano, ed assai ragionevole disegnatore e dipintore, come mostrò in alcuni paesi disegnati da lui, bellissimi."

Fab. Gross sind fürwahr solche Lobsprüche, doch aber auch unserer Stadt angemessen.

Aret. Angenommen nun, dass hier dieser grosse Künstler die richtige Einsicht nicht bei Seite liess (denn ohne Zweifel, selbst wenn diese Darstellung nicht schon durch andere Vorzüge Lob verdiente, so würde sie wegen der Würde der seltenen Persönlichkeiten, die sie enthält, umsomehr darauf Anspruch haben, als man Bilder ja oft blos ob der, wenn auch von minderen Meistern gemalten Bildnissen der uns vorgeführten Personen schätzt), so scheint er sich dafür weniger Aufmerksamkeit beflissen zu haben, als er die heilige Margherita, auf einer Schlange reitend malte.

Fab. Ich habe keines dieser Werke gesehen. Nun glaub' ich genügend viel über Erfindung gehört zu haben. Gehen wir zur Zeichnung über.

Aret. Es bleibt nur noch Einiges über den Gegenstand der Erfindung beizufügen; so z. B. dass jede Gestalt ihre Thätigkeit entsprechend zur Anschauung bringen soll. Falls sie sitzt, so soll sie den Eindruck machen, dass sie auch bequem sitzt; steht sie, so hat sie die Fusssohlen fest auf den Boden zu stützen, dass es nicht scheine als ob sie schwanke; geht sie, so sei ihre Bewegung leicht je nach den Umständen, die ich später berühren werde. Nun ist es ganz unmöglich, dass der Maler alle jene Momente gut beherrsche, welche die Erfindung, sei es hinsichtlich der Geschichte, sei es hinsichtlich dessen, was den Zeitepochen entspricht, betreffen, wenn er nicht mit der Kenntniss der Geschichte und den Werken der Dichter vertraut ist. So vortheilhaft es daher für einen Schriftsteller im Interesse seiner Berufsthätigkeit ist zeichnen zu können, ebenso wird Derjenige, welcher sich der Malerei widmet, aus der Kenntniss der Literatur grossen Nutzen ziehen. Kann indessen der Maler auch nicht die ganze Literatur bewältigen, so möge er wenigstens, wie ich bereits andeutete, sich mit der Geschichte und mit einigen Dingen der Poesie bekannt machen, und pflege den Umgang mit Dichtern. Sodann möchte ich dem Maler rathen, dass er, wenn er die ersten Ideen, die ein Gegenstand in seiner Phantasie wach rief, skizzirt, sich nicht mit einer einzigen solchen Skizze begnüge, sondern mehrere derselben entwerfe, um dann darunter jene zu wählen, welche sowohl in der Totalität, als auch in den einzelnen Theilen, als die gelungenste erscheint. So pflegte es Rafael zu machen, der so reich an Erfindungsgabe war, dass er von jeder Composition immer vier oder fünf verschiedene Skizzen, die alle durchgehens schön und anmuthig waren, entwarf. Vor Allem möge sich der Maler davor hüten, in den Fehler Derjenigen zu verfallen, die, nachdem sie eine hübsche Vase zu machen begonnen, damit enden, dieselbe schliesslich zu einem Suppentopf oder sonst einem werthlosen Gebilde zu gestalten; was ich hier darum ausdrücklich hervorhebe, weil es gar oft vorkommt, dass der Maler irgend welche treffliche Idee gefasst hat, die er dann aus Mangel an Talent oder Kraft nicht auszuführen vermag. Dann soll er sie lieber ganz bei Seite lassen, und eine andere, deren befriedigende Ausführung in seinen Kräften liegt, aufnehmen, auf dass er nicht gezwungen sei, etwas zu bieten, das nach seiner Intention anders hätte ausfallen sollen.

Fab. Dasselbe begegnet auch uns Anderen, die wir oft wegen Armuth an Ausdrücken genöthigt werden, etwas niederzuschreiben, das, so wie es sich gibt, gar nicht in unserem Sinne lag.

Aret. Aus dem bisher Gesagten geht hervor, dass die Erfindung aus zwei Quellen fliesst: aus der Geschichte und aus dem Geiste des Malers. Die Geschichte liefert ihm einfach nur das Materiale, während der Geist nebst der Anordnung und der Angemessenheit auch die Stellungen, die Mannigfaltigkeiten, und so zu sagen den Ausdruck der Figuren bestimmt, was übrigens auch ein Factor der Zeichnung ist. Es genügt hier festzustellen, dass der Maler keine der Eigenthümlichkeiten der Erfindung vernachlässigen, noch übermässig viel Gestalten aufnehmen, vielmehr bedenken soll, dass er selbe dem Auge des Beschauers vorzuführen hat, der durch allzugrosse Massen verwirrt, sich leicht verstimmen lässt. Auch verstösst es gegen alle Naturgemässheit, dass sich in einem und demselben Augenblicke so viele Dinge vor ihn hinstellen.

Fab. In gleicher Weise verlangen die Sachverständigen, dass man den Poemen, besonders aber den Tragödien und Comödien, nur eine mässige Länge verleihe; und zwar aus dem Grunde, weil ein belebter Gegenstand, wenn zu gross, lästig, wenn zu klein, geringschätzig erscheint.

Aret. Obwohl nun der Maler hiermit an diese Gesetze der Anordnung und der Angemessenheit gebunden ward, so soll nicht gesagt sein, dass der Maler, so gut wie der Dichter, nicht manchmal diese enge Grenze überschreiten dürfe — jedoch niemals in dem Maasse, dass er dabei in gewisse Fehler verfalle; denn es passt nun einmal nicht, dass man Trotziges und Liebenswürdiges, Grausames und Sanftes, wie Schlangen und Vögel, Tiger und Lamm miteinander verbinde. Und nun gehe ich auf die Zeichnung über. Die Zeichnung ist, wie ich schon bemerkte, jene Form, welche der Maler den von ihm nachgebildeten Gegenständen gibt, was wieder genau gesprochen aus einer Folge von verschiedenartig gezogenen Linien besteht, welche die Gestalten bilden. Das ist es, worauf der Maler vor Allem absolut sein ganzes Studium, seine ganze Aufmerksamkeit und seine ganze Arbeit verlegen soll; weil eine schlechte Zeichnung das Lob, das sonst die schönste Erfindung verdienen würde, vernichtet. Es reicht durchaus nicht hin, dass ein Maler eine geniale Erfindungsgabe besitze, wenn er nicht zugleich auch ein vortrefflicher Zeichner ist; denn die Erfindung manifestirt sich nur durch die äussere Form, und diese ist eben die Zeichnung selbst. Es muss somit der Maler bestrebt sein, nicht blos die Natur nachzuahmen, sondern dieselbe auch theilweise zu übertreffen. Ich sagte theilweise zu übertreffen, denn im Uebrigen ist es schon ein Wunder, wenn es gelingt, sie auch nur annäherungsweise nachzuahmen. Der Sinn meines Satzes geht dahin, dass man mittelst der Kunst in einem einzelnen Körper all' die Vollkommenheiten der Schönheit zu vereinigen wisse, welche sonst die Natur unter Tausenden von Körpern zu vertheilen pflegt. Denn es gibt keine einzelne Menschengestalt von so vollendeter Schönheit, dass sie alles Schöne in sich vereinige. Wir haben daher das Beispiel des Zeuxis, welcher, da er Helene im Tempel des Krotoniates zu malen hatte, sich fünf ganz nackte Mädchen aussuchte, und indem er von dem einen die schönen Partien abnahm, die dem anderen fehlten, seine Helene zu einer solchen Vollendung brachte, dass der Ruf davon noch bis auf heute sich erhielt; was ausserdem auch allen Jenen zur Lehre dienen kann, welche so verwegen sind, alle ihre Werke nach der ihnen sich eben darbietenden Praxis zu schaffen. Wollen aber die Maler ohne grosse Mühe das vollendete Modell eines schönen Weibes finden, so brauchen sie nur die Strophen zu lesen, in welchen Ariost die Reize der Fee Alcina so wunderbar beschreibt; sie werden gleichzeitig erfahren, wie die guten Dichter auch gute Maler sind. Hier diese Strophen, die ich immer als Juwele im Schatzkasten meines Gedächtnisses aufbewahrt habe:

> „So schöne Formen hatte sie, wie gleiche
> Mitunter tücht'ge Maler nur erfunden;
> Das lange Haar, das volle, wollenreiche,
> War blond, wie flüss'ges Gold, und leicht gewunden,
> Und auf der Wange lag der Hauch, der leichte,
> Von Rosenschein mit Lilienweiss verbunden;
> Die Stirne aber war wie Elfenbein,
> Und hielt das Maass der Schönheitslinie ein."

Hier sehen wir vor Allem, was das Ebenmaass betrifft, dass der geistvolle Ariost das Correcteste feststellt, was selbst die ausgezeichnetsten Maler als solches anstreben können; er bedient sich dabei des Ausdruckes „tüchtige Maler", um den Eifer anzudeuten, welcher dem echten Künstler eigen sein soll. Ferner hätte Ariost, welcher das Haar „blond" nennt, ebensogut „ein goldiges Haar" sagen können; doch schien ihm diese Bezeichnung vielleicht zu poetisch übertrieben. Daraus lässt sich nun folgern, dass der Maler das Gold zwar nachahmen, aber nicht, wie dies die Miniaturmaler thun, in seine Bilder selbst hineinsetzen darf[1]); so zwar, dass man sagen könne: Diese Haare sind wohl kein Gold, aber sie glänzen wie Gold. Es freut mich hier diesen Punkt berührt zu haben, wenn auch die Sache selbst kein genaueres Eingehen verdient. Dabei erinnere ich mich bei Atheneus gelesen zu haben, dass, obwohl die Dichter dem Apollo das Epitheton „Auricomus", was, wie Ihr wisst, „goldenes Haar" bedeutet, beilegen, die Maler dennoch den Apollo keineswegs mit Haaren von Gold, und noch weniger mit schwarzem Haare, was noch schlimmer wäre, darstellen dürfen. Womit gesagt sein will, dass der Maler gehalten ist, die Eigenthümlichkeiten einer Sache mit den ihnen entsprechenden Unterscheidungen nachzubilden. Im weiteren Verlaufe der Strophe colorirt Ariost und zeigt durch sein Colorit, dass er ein Tizian ist. Doch ist nicht hier der Platz davon zu sprechen. Ariost fährt dann fort und bringt folgende Strophe:

> „Unter zwei schwarzen, feingezog'nen Bogen
> Sah man zwei schwarze Augen, nein, zwei Sonnen,
> Die maassvoll winken, und doch mildgewogen,
> Und aus den Amor, reich an Scherz und Wonnen,
> Die Pfeile rastlos schoss, die umher flogen,
> Und jedes Herz als Beute bald gewonnen;
> Inmitten des Gesichts dann sanft gesenkt,
> Die Nase, welcher Lob der Neid selbst schenkt."

---

[1]) Vgl. mit dieser Stelle Cap. 96 des Trattato della pittura und die Note dazu auf pag. 167 im 1. Bande der Quellenschriften.

Er malt also schwarz die Augen, die Augenbrauen ebenfalls schwarz und zart gezeichnet, und die Nase sanft sich abwärts senkend, wobei er wahrscheinlich an die Form der Nasen dachte, die man an den Bildnissen der schönen Römerinnen des Alterthums sieht. Die weiteren Strophen Ariost's lauten ohne Unterbrechung:

„Der schöne Hals wie Schnee, der frisch gefallen;
Wie Milch der Busen; voll und weiss die Brüste,
Zwei Aepfeln gleich, die noch nicht reif: sie wallen
Hinauf, hinab, dem Meere an der Küste
Vergleichbar. Von den and'ren Dingen allen
Kein Argusaug', das etwas säh' und wüsste.
Indessen kann man denken sich gar leicht,
Dass das Verhüllte dem Enthüllten gleicht.
Es hat der Arm der Schönheit Maass, das strenge,
Und auch die weisse Hand, die oft zu sehen,
Und länglich ist, und in der Breiteenge
Die Knochen wie die Adern vor nicht stehen.
Zu Ende der Gestalt, voll Stolzgepränge,
Lässt sich ein feiner, kleiner Fuss erspähen.
So lockt und winkt das himmlisch süsse Bild,
Es nützt kein Schleier da, und auch kein Schild."

Die grosse Schwierigkeit liegt nun darin, dass, obwohl die Schönheit im Ebenmaasse besteht, dieses selbe Ebenmaass verschiedener Art ist, weil die Natur so gut wie in der Höhe der Menschen, auch bei ihrer Körpergestalt und bei den Kopfbildungen variirt. Daher sieht man grosse, kleine und mittelgrosse Menschen; die Einen fett und voll, die Anderen mager und zart, Andere wieder robust und nervig.

Fab. Es wäre mir sehr angenehm, bester Freund, wenn Ihr mir jetzt einige Regeln über das Maass des menschlichen Körpers bekannt geben wolltet.

Aret. Recht gern will ich es thun; denn es dünkt mir eine grosse Schmach, dass der Mensch so viel Studium darauf verwendet, die Erde, das Meer und den Himmel abzumessen, und dabei sein eigenes Maass nicht kenne. Ich sage daher, dass, nachdem die weise Natur den Kopf des Menschen, als das Hauptstück dieses wundervollen Gebäudes, das man eine kleine Welt nennt, gebildet, und ihn auf die höchte Stelle des Körpers gesetzt hat, es sich von selbst ergibt, dass alle Partien dieses selben Körpers ihr Maass mit Beziehung auf den Kopf bestimmen. Der Kopf selbst, oder anders gesprochen, das Gesicht theilt sich in drei Theile. Der eine beginnt an der Höhe der Stirne, wo die Haare wachsen, und reicht bis zu den Augenbrauen; der zweite von den Augenbrauen bis unten zu den Nasenlöchern; die letzte von den Nasenlöchern bis herab zum Kinne. Der erste Theil gilt als der Sitz der Weisheit; der zweite als der Sitz der Schönheit; der dritte als der Sitz der Güte. Die Grösse nun von zehn Köpfen gibt nach Einigen, die Grösse des ganzen menschlichen Körpers; nach Anderen aber jene von neun, acht und auch sieben Köpfen. Berühmte Autoren behaupten, dass diese Grösse das Maass von sieben Fuss nicht überholen könne. Das Maass des Fusses besteht aus sechzehn Fingerbreiten. Die Bemessung der Hälfte der Längengrösse des Körpers wird von den Theilen aus berechnet, welche das Geschlecht von Mann und Weib unterscheiden, während der Mittelpunkt des menschlichen Körpers überhaupt der Nabel bleibt. Wenn man bei einem Menschen, der beide Arme ausgestreckt hält, eine vom Nabel ausgehende Linie zu den äussersten Spitzen der Füsse und der Finger an den Händen führt, so erhält man einen vollkommenen Cirkel. Die beiden Brauen bilden zusammen die zwei Bogen der Augen; die Halbkreise der Ohren müssen dieselbe Grösse haben, wie der offene Mund; die Breite der Nase über dem Munde hat der Länge eines Auges gleich zu kommen; die Nase selbst entspricht der Länge der Lippe, und die Entfernung des einen Auges von dem anderen ist eben so weit als das Auge lang ist; das Ohr ist von der Nase so weit, als das Längenmaass des Mittelfingers der Hand ausmacht, die Hand selbst aber muss die Länge der

Gesichtshöhe haben. Der Arm ist dritthalbmal so dick von dort aus, wo er endigt und die Hand ihren Anfang hat, und der Schenkel anderthalbmal so dick wie der Arm, dort gemessen, wo er am dicksten ist. Ich werde das Längenmaass noch näher präcisiren. Man erhält eine Gesichtslänge von der obersten Grenze des Kopfes bis zur Nasenspitze; von da bis zur Brusthöhe, wo sich das Gabelbein befindet, die zweite; die dritte beginnt bei der Brusthöhe und reicht bis zur Magengrube; die vierte von da bis zum Nabel und die fünfte vom Nabel bis zu den Genitalien, welche den eigentlichen Mittelpunkt des Körpers bilden, wenn man den Kopf aus der Berechnung lässt. Von da an umfasst der Raum zwischen dem Schenkel und dem Knie zwei Gesichtslängen, und drei jener zwischen dem Knie und der Fusssohle. Die Arme weisen vom Schulterband bis zum Handgelenke gerechnet drei Gesichtslängen auf; dieselbe Länge, welche die Entfernung der Ferse vom Halse des Fusses, und dann bis zur Spitze der Zehen ausmacht. Die Dicke des Menschen, wenn man ihn unter den Armen umfasst, entspricht genau der Hälfte seiner Länge[1]).

Fab. Es ist sehr nothwendig diese Maassverhältnisse zu kennen, um eine wohlproportionirte Figur herstellen zu können.

Aret. Man muss also in theilweiser Nachahmung der Natur die möglichst vollendete Form wählen. Dies that Apelles, welcher sich als Modell zu seiner so sehr berühmten Venus, die dem Meere entsteigt, von welcher Ovid sagte, dass, wenn Apelles sie nicht gemalt hätte, sie für immer in den Wellen begraben geblieben wäre, Phryne, das gefeiertste Freudenmädchen seiner Zeit, nahm; ebenso Praxiteles, der die schöne Statue seiner Venus Knidia nach derselben Phryne verfertigte. In einer gewissen Richtung soll man auch nach den trefflichen Marmor- und Broncestatuen der Antike arbeiten. Wer die Wunder der Vollendung dieser Statuen ganz goutirt und in sich aufnimmt,

---

[1]) Vgl. Cennini Cap. 70 und dazu die Note auf pag. 163.

wird auch mit sicherer Hand viele Fehler der Natur selbst berichtigen können, und wird seinen Gebilden Reiz und Werth für die ganze Welt verleihen; denn die Antike schliesst in sich die höchste Vollendung der Kunst, und kann als Vorbild jeglicher Art von Schönheit dienen.

Fab. Es erscheint vollauf begründet, dass die alten Griechen und Lateiner, welche den Vorrang in der Literatur behaupteten, denselben Vorrang auch in den schönen Künsten, das heisst in der Malerei und in der Bildhauerei, welche am Nächsten dem Werthe der schönen Literatur kommen, erreichten.

Aret. Nachdem also das Ebenmaass die Hauptgrundlage des Zeichnens ist, so wird Derjenige der grösste Meister heissen müssen, welcher Jenes am Besten vertritt. Um nun einen vollendeten Körper zu zeichnen, genügt nicht blos die gewöhnliche Nachahmung der Natur, sowie die Nachbildung der Antiken; sondern es ist auch unbedingt nothwendig zu wissen, dass diese Nachahmung und Nachbildung mit feinem Verständnisse zu erfolgen hat, damit wir nicht das Schlechte nachahmen in der Meinung, dass es das Gute sei. So passirte es manchen Malern, die da bemerkten, wie die alten Künstler ihre Figuren meistens zart und fein gestalteten, dass sie sich diese Weise, die an und für sich gut war, derart aneigneten, dass dieselbe bei ihnen zu einen Fehler ausartete. Andere wieder verlegten sich darauf, den Köpfen besonders bei Frauenbildern einen langen Hals anzufügen, weil sie gesehen hatten, dass die römischen Frauengestalten in der Antike grösstentheils einen langen Hals hatten, da kurze Hälse ohne Grazie sind; aber da sie die Sache übertrieben, so wurde bei ihnen das, was anziehend sein sollte, das Gegentheil.

Fab. Das sind allerdings sehr nützliche Fingerzeige.

Aret. Zunächst haben wir den Menschen nach zwei Gesichtspunkten zu betrachten und zwar: entweder nackt oder bekleidet. Will man ihn nackt bilden, so kann dies in zwei

Richtungen geschehen: indem man ihn stark an Muskeln oder mehr zarter Natur darstellt, welche Zartheit man bei Malern Weichheit nennt. Auch hier ist es angezeigt, dieselbe Angemessenheit zu beobachten, die bei der Erfindung empfohlen worden ist. Gedenkt nämlich der Maler einen Samson vorzuführen, so darf er ihm nicht das Zarte und Sanfte eines Ganymed verleihen; sowie er bei Darstellung eines Ganymed, demselben nicht die Nerven und die Kraft eines Samson zu ertheilen hat. Malt er ein Kind, so muss er ihm aus gleichem Grunde Kindergliedmassen geben, sowie er einen Greis nicht einem Jünglinge ähnlich, einen Jüngling nicht einem kleinen Kinde gleichsehend machen darf. Das Nämliche gilt auch bezüglich der Frauen, bei welchen man ebenfalls die verschiedenen Altersstufen unterscheiden, und die jeder Einzelnen zukommenden Eigenthümlichkeiten berücksichtigen muss. Und nicht blos durch die Eigenart verschiedener Figuren wird der Unterschied in der Gestaltung bedingt; denn auch eine und dieselbe Person pflegt gewöhnlich, je nach Umständen, sich anders zu geben. So muss man Cäsar anders als Consul, und anders als Feldherr oder Kaiser darstellen; so gut wie der Maler, der Herkules zu malen hat, sich denselben anders im Kampfe mit Antaeus, anders wenn er den Atlas trägt, anders wenn er Dejanira liebkost, und anders endlich, wenn er seinen Hylas aufsuchen geht, denkt; und doch sollen alle diese Handlungen, alle diese Stellungen immer den angemessenen Charakter des Herkules und des Cäsar an sich tragen. Sogar bei einem und demselben Körper soll man wohl bestrebt sein, consequent zu bleiben, damit nicht vielleicht ein Körpertheil fleischig, der andere mager, ein Körpertheil muskulös, der andere zart ausfalle. Auch ist nicht zu übersehen, dass, wenn eine Figur als in einer Action begriffen dargestellt wird, die irgendwie mit Mühe verbunden ist, sei es dass sie eine Last trage oder einen Arm oder einen anderen Theil des Körpers bewege, an eben jenem Theile, der durch die Last oder durch die Bewegung mehr angestrengt wird, die Muskulatur kräftiger hervortreten muss, als an jenen Theilen, die nicht über das Gewöhnliche in Activität sich befinden; doch nimmermehr in einer Weise, dass es störend wirke.

Fab. Nachdem Ihr nun das Nackte in muskulös und zart eingetheilt habt, möchte ich von Euch erfahren, welche von beiden Arten die künstlerisch beachtenswerthere sei.

Aret. Ich bin der Ansicht, dass ein zarter Körper den Vorzug vor einem robusten verdiene, und zwar aus folgendem Grunde: in der Malerei ist es weit schwieriger das Fleischige als das Knochige nachzubilden. Denn bei Letzterem reicht schon eine gewisse Härte der Töne aus, während bezüglich des Fleisches Alles auf Weichheit ankommt, was in der Malerei eben das Schwierigste ist, so dass in früherer Zeit nur sehr wenige Maler es trafen, und auch heute noch blos Einzelne es genügend können. Derjenige also, welcher die Muskulatur genau sucht und markirt, strebt wohl dahin, die Knochen und Beine an ihrem richtigen Platze zum Vorschein zu bringen, was allerdings recht lobenswerth ist, aber ihn oft verführt, den menschlichen Körper vertrocknet, geschunden, hässlich darzustellen; während Jener, der Weichheit anstrebt, zwar auch die Knochen dort, wo sie wirklich sich vorfinden, angibt, dieselben aber angenehm mit Fleisch bedeckt und das Nackte mit Anmuth erfüllt. Ihr werdet mir vielleicht einwenden, dass man erst beim Studium des Nackten erkennt, ob der Maler Anatomie verstehe; etwas, das für einen solchen Künstler unentbehrlich sei, weil man ohne Knochen einen Menschenkörper weder bilden, noch denselben mit Fleisch bedecken kann. Darauf erwiedere ich, dass man das ebensogut durch zarte Andeutungen und Tinten erkennt; abgesehen davon, dass das weiche und zarte Nackte das Auge mehr befriedigt, als das robuste und muskulöse. Ich berufe mich da auf die Figuren der Antike, welche grösstentheils äusserst zart gemacht zu werden pflegten.

Fab. Immerhin gebührt die Zartheit der Gliedmassen mehr dem Weibe als dem Manne.

Aret. Allerdings, und ich selbst habe früher dies hervorgehoben, indem ich ausdrücklich bemerkte, dass man das Geschlecht nicht verwechseln dürfe. Trotzdem trifft man auch auf sehr viele zartgebaute Männer, als da sind Jene aus der feineren Gesellschaft, ohne dass sie darum auch schon den Frauen oder einem Ganymed ähnlich sehen. Wahr ist's, dass einige Maler ihre Unwissenheit mit dem Namen Zartsinn taufen, und nachdem sie weder die Lage noch die Verbindung der Knochen und Beine kennen, solche entweder einfach gar nicht, oder doch viel zu ungenügend zur genauen Darstellung ihrer Lage markiren, und sich damit zufrieden geben, nur mit Andeutung der Hauptcontouren ihre Gestalten auszuführen. Andere wieder markiren allzuviel die Muskulatur, und heben sie in übertriebener Weise und zwecklos hervor, sich dann einbildend, lauter Michel Angelo's im Zeichnen zu sein, während sie mit Recht nur ausgelacht und von Kennern für Tölpel erklärt werden. Es kann auch vorkommen, dass ein Maler irgend welche schöne Partie, sei es von der Antike, sei es von einem grossen modernen Maler (als da sind: Michel Angelo, Rafael, Tizian und Andere) entlehnt habe; aber unfähig dieselbe gut zu placiren, ihr eine höchst missliche Wirkung verleihe; was z. B. der Fall wäre, wenn man das Auge, welches der schönste und anmuthigste Theil des menschlichen Körpers ist, neben einem Ohre, oder in der Mitte der Stirne angebracht sehen würde. So wichtig ist es, ob man die Dinge an ihren richtigen Platz oder nicht dorthin setzt.

Fab. Ein vortrefflicher Vergleich das.

Aret. Sprechen wir nun von der Mannigfaltigkeit, welche für den Maler in der Praxis ein so grosses Erforderniss ist, dass ohne sie die Schönheit und die Kunst lästig erscheinen. Der Maler muss die Köpfe, die Hände, die Füsse, den Leib, die

Posen, und alle anderen Dinge am menschlichen Körper mannigfaltig gestalten in Anbetracht dessen, dass das merkwürdigste Wunder an der Natur eben darin besteht, dass unter tausend Menschen sich kaum zwei oder drei vorfinden, die sich ähnlich sehen; während im Gegentheile unter ihnen die grösste Verschiedenheit vorherrscht.

Fab. Ganz gewiss kann man von einem Maler, der keine Mannigfaltigkeit besitzt, sagen, dass Nichts an ihm ist; was übrigens auch hinsichtlich des Dichters in gleichem Masse gilt.

Aret. Indessen hat man auch hier sich vor Uebertreibung zu hüten. Es gibt nämlich Künstler, welche, wenn sie einen Jüngling gemalt haben, ihm einen Greis oder ein Kind, so gut wie ein junges Mädchen einer Greisin zur Seite stellen. Ebenso werden diese Leute neben einem Gesicht im Profil ein anderes en face oder in dreiviertel Profil malen.

Fab. Ich verstehe nicht, was „en face" und was „dreiviertel Profil" sei.

Aret. Die Maler sagen, ein Gesicht sei en face gemalt, wenn das ganze Gesicht, ohne dass es nach der einen oder nach der anderen Seite gewendet erscheine, dargestellt ist; und dreiviertel Profil, wenn das Gesicht in einer Weise gewendet ist, dass der Zuschauer an demselben ein Auge ganz, das andere aber nur zur Hälfte sieht. Doch das sind leicht begreifliche Dinge.

Fab. Die ich jedoch nicht wusste.

Aret. Wenn dann dieselben Leute einen Menschen, der den Rücken zeigt, gemalt haben, so fügen sie ihm gleich einen zweiten bei, der die Brust sehen lässt, und so fort in dieser Weise. Ich will diese Mannigfaltigkeit nicht ohne weiters tadeln, sondern feststellen, dass, nachdem es Aufgabe des Malers ist, die Natur nachzuahmen, die Mannigfaltigkeit selbst nicht mit Affectation gesucht, sondern wie von ungefähr zu Stande gebracht erscheinen muss. Darum soll er hie und da auch aus der Ordnung heraustreten und mitunter zwei oder drei Figuren desselben Alters, desselben Geschlechtes und in derselben Thätigkeit, immer jedoch mit verschiedenen Gesichtszügen, Movenzen und Kleidern vorführen.

Fab. Hierher passen vortrefflich jene Verse des scharfsinnigen Horaz in der Epistel an die Pisonen[1]).

„Wer der Wirkung zu lieb sucht stets zu verändern das Gleiche,
Malt den Delphin in dem Wald, dafür in den Wellen den Eber."

Aret. Es erübrigt noch über die Bewegungen (Movenzen) Näheres zu sagen, die ebenfalls ein zum Zwecke der Anregung und der Wirkung sehr nothwendiges Kapitel bilden. Und wirklich ist es etwas Anmuthiges und das Auge des Beschauers überrascht, auf Leinwand, Marmor oder Holz eine leblose Gestalt zu sehen, die sich zu bewegen scheint. Doch dürfen diese Movenzen weder continuirlich, noch bei allen Figuren vorkommen, weil sich die Menschen und auch selbst die Thiere, nicht fortwährend in Bewegung erhalten. Vielmehr muss man da modificiren, variiren, mitunter sogar die Inactivität vorwalten lassen, je nach der Verschiedenheit und Eigenthümlichkeit des Gegenstandes, wobei zeitweilig eine angenehme Ruhe weit mehr als forcirte und unmotivirte Beweglichkeit anregen wird. Es thut ferner Noth, dass alle Gestalten ihre Functionen entsprechend ausführen, wie Solches ich bereits bei Erörterung der Erfindung auseinandersetzte, so dass, wenn eine Figur einen Degenstoss führen will, die Bewegung des ausholenden Armes heftig sei und die Hand, wie es sich gehört, die Waffe stark erfasse. Ebenso wenn eine andere im Laufen begriffen ist, soll jeder Theil ihres Körpers darthun, dass er zu dieser rascheren Bewegung beiträgt, und trägt die laufende Figur Gewänder, so

---

[1]) Die Stelle des Horaz lautet:
  Qui variare cupit rem prodigialiter unam,
  Delphinum silvis appingit, fluctibus aprum.

soll der Wind mit Naturtreue dieselben anwehen. Das sind lauter wichtige Momente, die nur in den Geist der Beschränkten keinen Eingang finden.

Fab. Wer diese Regeln vernachlässigt, der lasse lieber das Malen ganz bei Seite.

Aret. Es tritt auch der Fall ein, dass sowohl ganze Figuren oder auch nur einzelne Partien derselben in Kürzung gegeben werden; ein Vorgehen übrigens, das nur mit grossem Verständnisse und in sehr discreter Weise angewendet werden soll. Nach meiner Ansicht wären solche Kürzungen nur selten anzuwenden, weil selbe, je seltener sie vorkommen um so überraschender wirken; besonders dort, wo der Maler wegen des beschränkten Raumes sich der Kürzungen zu bedienen gezwungen ist, um in einem solchen Raume grössere Gestalten vorbringen zu können. Indessen darf er mitunter auch Kürzungen anwenden, nur um zu beweisen, dass er sie eben zu behandeln versteht.

Fab. Es ist mir gesagt worden, dass Kürzungen zu den allergrössten Schwierigkeiten der Malerkunst gehören; und so hätte ich geglaubt, dass Derjenige, der sie am Häufigsten vorbringt, ein um so grösseres Lob verdienen würde.

Aret. Wisset, dass der Maler nicht blos für eine einzelne Richtung, sondern in Betreff aller, die auf Malerei überhaupt sich beziehen, und die vor allem das Gefallen erhöhen, nach Lob streben muss. Gefällt der Maler nicht, so bleibt er ruhmlos und unbekannt. Darunter meine ich keineswegs Dasjenige, was die Augen der alltäglichen Menge oder auch selbst — gleich beim ersten Anblicke — jene der Kenner angenehm befriedigt, sondern das, was Jedermann um so mehr gefällt, je öfter es besehen wird; wie dies auch bei gediegenen Dichtungen zu geschehen pflegt, welche in dem Verhältnisse immer mehr gefallen, als man sie oft liest, und welche im Geiste des Lesers die Sehnsucht erwecken, das schon einmal Gelesene neuerdings in sich aufzunehmen. Kürzungen werden nur von Wenigen gewürdigt, gefallen also nur Wenigen, und bereiten oft selbst den Kennern mehr Pein als Vergnügen. Immerhin aber muss zugegeben werden, dass dort, wo sie am rechten Platze sind, gut ausgeführte Kürzungen das Auge des Beschauers wunderartig berühren, da dieser oft glaubt, etwas in seiner ganzen Grösse und wirklichen Proportion vor sich zu haben, was aber thatsächlich kaum in der Länge einer Hand ihm vorliegt. So lesen wir bei Plinius, dass Apelles Alexander den Grossen im Dianentempel zu Ephesus mit dem Donnerkeil in der Hand so künstlerisch malte, dass die Finger ausgestreckt und die Blitze aus dem Bilde herauszuschiessen schienen. Das Alles konnte Apelles nur durch das Mittel der Kürzungen erreichen. Trotzdem wiederhole ich aus den angegebenen Gründen, dass man nicht absichtlich ihnen nachjagen, sie vielmehr nur selten anwenden soll, um nicht das Gefällige in der Wirkung zu trüben.

Fab. Ich für meinen Theil, wenn ich ein Maler wäre, würde sie zwar nicht immer, aber dennoch oft anwenden, überzeugt, dass ich mir dadurch mehr Ruhm, als durch spärliches Benützen derselben erwerben würde.

Aret. Ihr seid als freier Mann geboren, und könntet nach Belieben schalten und walten; doch wiederhole ich Euch noch einmal, dass ganz andere Dinge dazu gehören, um ein tüchtiger und vollendeter Maler zu heissen. Eine einzelne zweckmässig gekürzte Figur genügt nur darzuthun, dass der Künstler, wenn er es wollte, auch die übrigen Figuren sämmtlich gekürzt zu malen im Stande wäre. Ueber das Relief, das man den Figuren verleihen soll, werde ich gelegentlich des Colorits sprechen.

Fab. Ohne Relief würden alle Figuren, so wie sie thatsächlich sind, nämlich platt und blass gemalt, erscheinen.

Aret. Bisher habe ich den nackten Menschen behandelt; jetzt werde ich über den gekleideten, aber nur mit wenigen Worten, reden; denn mit Rücksicht auf die Angemessenheit muss man, wie schon bemerkt, die Gewandung den Gebräuchen der verschiedenen Nationen und den gegebenen Verhältnissen accomodiren. Malt der Künstler einen Apostel, so wird er ihn nicht mit kurzen Gewändern, einen Heerführer aber nicht mit Kleidern, die gleichsam herabhängende Aermeln haben, abbilden. Was die Stoffe betrifft, so muss der Maler deren Qualität wohl berücksichtigen; weil Sammt andere Falten als Seidenzeug, fein geglättetes Linnen andere als rohe Leinwand macht. Auch sollen die Falten an den ihnen entsprechenden Stellen derart rangirt werden, dass sie die Vertiefung sehen lassen und den ihnen eigenartigen Gang natürlich befolgen; aber nicht so, dass sie etwa einschneiden oder dass der Stoff an dem Fleisch angeklebt erscheine. Sowie ferner eine allzugrosse Sparsamkeit an Falten dem Körper ein armseliges Aussehen verleihen, und selben aller Grazie berauben, so verursacht anderseits ein zu reicher Faltenwurf Confusion und Missbehagen. Es muss daher auch hier jene Mittelstrasse gegangen werden, die überhaupt in allen Dingen so sehr angezeigt ist.

Fab. Ganz gewiss verdient es grosses Lob, wenn ein Künstler seine Figuren gut zu kleiden versteht.

Aret. Ich gelange nun zum Colorit. Wie wichtig dieser Factor sei, kann man schon aus den Beispielen entnehmen, die uns von jenen Malern geboten wurden, welchen es gelang, selbst Vögel und Pferde zu täuschen.

Fab. Solche Beispiele der Täuschung sind mir nicht erinnerlich.

Aret. Selbst den Kindern ist es bekannt, Zeuxis habe Trauben so naturwahr gemalt, dass Vögel sie für echte haltend auf dieselben hinflogen. Ein anderesmal wieder zeigte Apelles einige von verschiedenen Künstlern gemalte Pferde lebenden Pferden vor, die dabei ganz ruhig verblieben ohne das mindeste Zeichen zu geben, dass sie jene gemalten Pferde für wirkliche hielten. Als aber dann Apelles eines seiner Bilder, auf welchem er selber ein Pferd gemalt hatte, ihnen vor die Augen hinstellte, da fingen sie bei seinem Anblicke sogleich zu wiehern an. Fab. Ein beredter Beweis für die Kunstvortrefflichkeit des Apelles.

Aret. Ihr werdet auch ausserdem ohne Zweifel gelesen haben, dass Parrhasius, gelegentlich eines Kunst-Wettstreites mit demselben früher erwähnten Zeuxis, ein Gemälde öffentlich ausstellte, das nichts Anderes vorstellte als einen Vorhang, der irgend welches Bild hinter sich zu verbergen schien. Dieser Vorhang nun war so natürlich gemacht, dass Zeuxis, der denselben für einen wirklichen hielt, wiederholt verlangte, es möge doch der Vorhang aufgehoben werden, um das dahinter befindliche Bild besichtigen zu können. Als er hierauf seinen Irrthum erkannte, gab er sich für besiegt, weil er wohl Vögel getäuscht, Parrhasius aber ihn selbst getäuscht hatte, der doch sein Meister gewesen war, und von dem eben jene gemalten Trauben herrührten. Protogenes wollte einmal ebenfalls durch die Kunst der Farben den aus dem Maule eines von ihm gemalten Pferdes tretenden Schaum darstellen. Nachdem er wiederholt, aber nicht zu seiner Befriedigung, die Sache durch Aendern der Farben naturwahr zu geben versucht hatte, warf er verzweifelt und durch die vergebliche Arbeit müde geworden den Schwamm, womit er seine Pinsel reinigte, auf das Maul des gemalten Pferdes und fand dann, dass der Zufall den Effect zu Stande gebracht hatte, den er mittelst der Kunst nicht hatte erreichen können.

Fab. Hier war also nur der Zufall, und nicht der Künstler zu loben.

Aret. Es beweist aber immerhin die grosse Sorgfalt, welche sich die Alten bezüglich des Colorits gaben, auf dass ihre Bilder der Wirklichkeit möglichst nahe kämen. Es bleibt ausgemacht, dass das Colorit von einer solchen Wichtigkeit und Wirkung ist, dass, wenn der Maler die Tinten, das Weiche der Fleischtöne und die Eigenart der verschiedenen Nebendinge richtig wiedergibt, wie sie in Wirklichkeit sind, seine Gestalten wie lebendig aussehen, so, als wenn denselben nur der Athemzug fehlte. Das Hauptmoment des Colorirens besteht in dem Contraste zwischen Licht und Schatten, und dass man ein Mittel finde, das die Gegensätze verbindet, die Gestalten rund, und je nach Bedarf mehr oder weniger von einander getrennt erscheinen lässt; da man hauptsächlich zu verhüten hat, dass beim Vertheilen der Figuren dieselben den Eindruck der Verwirrung hervorbringen. Aus diesem Grunde ist es auch nothwendig, dass man eine sehr genaue Kenntniss der Perspective habe, um die Verkleinerung der Gegenstände, welche sich entfernen oder fernstehend gedacht werden, zur Anschauung zu bringen. Vor Allem ist aber immer wieder auf das Colorit und auf den weichen Ton des Fleisches Rücksicht zu nehmen; denn gar Viele malen ein Fleisch, das an Farbe und Härte wie Porphyr aussieht: hier allzu starke Schatten, die oft bis zum vollständigen Schwarz ausarten; dort wieder zu licht, und ein anderes Mal zu röthliche Schatten. Was mich betrifft, so würde ich eher eine mehr braune, als eine übertrieben lichte Farbe vorziehen, und aus meinen Bildern für gewöhnlich jene purpurrothe Wangen mit Lippen wie Corall bannen, die den Gesichtern das Aussehen von Masken verleihen. Wir wissen, dass Apelles das Braun oft anwendete, was Properz seiner Cinthia gegenüber, die sich färbte, sagen lässt: er wünschte, dass sie jene Einfachheit und Natürlichkeit der Farbe beobachtete, die man in den Gemälden des Apelles begegnet. Dabei muss man diese Tinten variiren und zugleich auf die Verschiedenheit des Geschlechtes, des Alters und der Verhältnisse Rücksicht nehmen. Des Geschlechtes, weil im Allgemeinen dem Fleische eines Mädchens ein anderer Farbenton, als dem eines Jünglings entspricht; des Alters, weil ein Greis und ein Jüngling eine eigene

Fleischfarbe haben; der Verhältnisse, weil man beim Bauer nicht Dasjenige suchen darf, was nur für den Aristokraten passt. Fab. Mir scheint, dass man ein bemerkenswerthes Beispiel solcher misslungener Farbentöne an einem Bilde des Lorenzo Loto habe, das sich hier in Venedig, in der Kirche der Carmini befindet[1]). Aret. Es ist diesfalls kein Mangel an Beispielen auch von anderen Malern, welche, wenn ich jetzt in ihrer Gegenwart spräche, wohl die Nase rümpfen würden. Die Mischung der Farben muss eine temperirte und derart gemengte sein, dass sie der Naturwahrheit entspreche, und ferner nichts übrig bleibe, was das Auge verletze; wie beispielweise die Linien der Contouren, die man vermeiden soll, weil auch die Natur sie nicht markirt; ebenso die Schwärze in den dunklen und abgegrenzten Schatten. Diese Lichter und Schatten, mit Kunstfertigkeit und Verständniss placirt, runden die Figuren ab, und verleihen ihnen das gewünschte Relief, ohne welches die Gestalten, wie Ihr ganz richtig bemerkt habt, eben nur gemalt aussehen, indem sie eine platte Oberfläche bieten. Wem also diese Kunstfertigkeit eigen ist, der besitzt einen der wichtigsten Requisiten der Malerkunst überhaupt. Somit besteht hinsichtlich des Colorits die grösste Schwierigkeit in der Imitirung der Fleischfarbe, in der Mannigfaltigkeit der Töne und in der weichen Wiedergabe derselben. Aber man muss ausserdem auch

---

[1]) Lorenzo Lotto, ein Bergamaske, mit Palma Vecch., Previtali, Santa Croce befreundet, nennt sich auf mehreren Werken Venetus, starb um 1554 in Loretto. Das Gemälde in S. Maria del Carmine (2. Alt. l.) stellt Nikolaus mit drei Engeln und zwei Heiligen auf Wolken über einer morgendämmernden Meeresbucht schwebend dar „in seiner Verwahrlosung jetzt noch ein herrliches poetisches Werk" (s. Burckhardt, Cicerone. ed. Zahn. p. 981.) S. Nikolaus ist der Schutzpatron der Seefahrer. In der Gemäldegallerie im Belvedere gibt es mehrere L. L. Siehe über d. Künstler Crowe und Cavalcaselle l. c. II. p. 494—537. Er zeichnet sich auf seinen Werken, wie ihn auch Dolce schreibt, Lotus oder Loto.

die Farbe der Stoffe, der Seide, des Goldes, sowie deren charakteristische Eigenthümlichkeiten, in einer Weise nachzuahmen verstehen, dass man im Ernste glauben könne, die denselben mehr oder weniger innewohnende Härte oder Weichheit in Wahrheit zu sehen. Ein Gleiches gilt von der Darstellung des Waffenglanzes, der Nachtdunkelheit, der Tageshelle, der Blitze, des Feuers, der Leuchter, des Wassers, der Erde, der Steine, der Gräser, der Bäume, der Blätter, der Blumen, der Früchte, der Thiere, der Gebäude u. s. w., die alle so sorgfältig gut reproducirt werden müssen, dass eine gewisse Lebenstreue an ihnen das Auge des Beschauers vor Ermüdung bewahre. Man glaube ja nicht, dass die Wirkung des Colorits in der Wahl des schönen Lackes, oder der schönen Farben, als da, eines schönen Azurblau, eines schönen Grün, und dergleichen bestehe; denn diese bleiben eben so schön, auch ohne dass man sie künstlerisch verarbeitet. Zweck der Kunst ist aber, sie entsprechend zu verwenden. Ich kannte in unserer Stadt einen Maler, welcher das Matrosenkleid täuschend zu malen, aber den Körper damit nicht zu kleiden, noch zu drapiren verstand; so dass es immer aussah, als wäre dies kein Matrosenanzug, sondern nur ein Stück Kleid, das blos auf das Geradewohl auf eine Figur geworfen wäre. Andere können wieder nicht die Abstufungen in den Tinten der Stoffe nachahmen; sondern sie bringen nur die vollen Grundfarben, wie sie eben sind, zum Vorschein, so dass man ausschliesslich nur diese an ihren Werken loben kann.

Fab. Hier dürfte wohl eine gewisse verständige Nachlässigkeit am rechten Platze sein, so zwar, dass weder ein zu greller Glanz des Colorits, noch eine affectirte Geziertheit der Gestalten zum Vorscheine komme; sondern dass Alles vielmehr das Gepräge einer anmuthenden Harmonie an sich trage. Gibt es doch Maler, die ihre Figuren so putzig gefirnisst vorbringen, dass selbe geschminkt scheinen; dazu noch mit so gesucht geordnetem Arrangement der Haare, dass nicht eines davon aus dieser Ordnung tritt. Das aber ist ein Fehler, und kein Verdienst; denn man verfällt dadurch in jene Affectation, die jegliches Ding der Grazie beraubt. Daher schilderte der verständnissvolle Petrarca das Haar seiner Laura als

„Mit Absicht kunstlos aufgerollt und fliegend."
(negletto ad arte, inannellato et hirto)

Auch Horaz lehrt, dass man von Dichtungen alle übertriebenen Ausschmückungen fern halten soll.

Aret. Vor Allem muss man eine allzu ängstliche Genauigkeit vermeiden. Das war es, was Apelles vom Protogenes (wenn ich nicht irre) sagen liess: Derselbe stehe ihm in allen Theilen der Malerei gleich hoch, vielleicht auch höher, nur darin stehe er ihm nach, dass Protogenes nicht wie er, beim Malen den rechten Moment erkannte, wo es an der Zeit sei, den Pinsel abzulegen.

Fab. Wie schädlich ist erst bei Schriftstellern eine excessive Genauigkeit! wo man die Mühe anmerkt, dort findet man natürlich auch die Härte und die Affectation heraus, die dem Leser stets verhasst sind.

Aret. Schliesslich fordert man vom Maler noch eine Eigenschaft, ohne welche sein Bild kalt, seine Gestalten leblos und bewegungslos erscheinen. Selbe besteht darin, dass die Figuren den Geist des Beschauers anregen sollen; die einen zur Wehmuth, andere zur Freude, diese zum Mitleid, jene zum Zorne, je nach der Eigenthümlichkeit des dargestellten Gegenstandes. Sonst wähne der Maler ja nicht, überhaupt Etwas geschaffen zu haben. Denn Anregung bleibt der eigentliche Zweck aller seiner Kräfte; was übrigens auch bezüglich der Dichter, der Geschichtsschreiber und der Redner gilt, nachdem das Geschriebene und Gesprochene des Geistes und der Lebendigkeit entbehrt, sobald ihm diese Kraft abgeht. Anregen kann aber zunächst der Maler nicht, wenn er, vor Entwurf seiner Figuren, jene Leidenschaften und Erregungen im eigenen Gemüthe nicht selbst empfunden hat, die er in Anderen erwecken will. Aus diesem Grunde ruft der schon so oft citirte Horaz aus: Wenn Ihr wollt, dass ich weine, so müsst vorher Ihr selber weinen! Es ist auch wirklich nun einmal nicht möglich, dass eine kalte Hand Denjenigen erwärme, den sie berührt. Dante charakterisirt vortrefflich die ganze Wirkungsmacht des Malers in folgenden Versen:

„Wer todt, schien todt, und lebend, wer lebendig,
Nicht Bess'res sah als ich, wer sah das Wahre" [1].

Die angestrebte Vollendung in der Malerei nun, welche so viele Factoren bedingt, ist eine höchst schwierige, mühevolle Errungenschaft; ist gleichsam nur eine Gnade, welche des Himmels Gunst blos sehr wenigen Menschen verliehen hat; denn es bleibt ausgemacht, dass man auch zum Maler geboren werden muss, wie zum Poeten, und dass Beide unmittelbare Naturgeschöpfe sind. Ebenso darf man auch nicht glauben, dass es, wie ich bereits einmal bemerkte, nur eine Art der Vollendung in der Malerkunst gebe. Im Gegentheile: da es verschiedene Organismen und Sinnesrichtungen der Menschen gibt, so müssen auch jene Arten verschieden sein; wobei Jeder jener Art folgt, zu der er sich naturgemäss am meisten hinneigt. Daher entstanden Malergenies, die in ihrer Art verschieden waren: die Einen liebenswürdig, die Anderen furchtbar; die Einen zart, die Anderen anmuthig; die Einen voll Grösse, die Anderen voll Majestät. Genau dasselbe sehen wir auch bei den Historikern, bei den Dichtern und bei den Rednern sich wiederholen. Doch davon später. Jetzt will ich die Parallele behandeln, welche dieses Gespräch veranlasst hat.

---

[1] Diese beiden Verse, von welchen besonders der zweite so vielfach commentirt, und so verschiedenartig übersetzt wurde, lauten im Originale:
    Morti li morti, e i vivi parean vivi,
    Non vide me' di me chi vide il vero.
Obige deutsche Verdollmetschung ist, wie die meisten anderen, eben auch nur ein Versuch. (Anm. des Uebers.)

Fab. Lange schon warte ich darauf, dass Ihr dazu kommt.

Aret. Das Wenige, was ich vorausgesetzt habe, ist in Kürze Alles, was sich auf die Malerei bezieht. Wollt Ihr darüber Näheres erfahren, so mögt Ihr die kleine Schrift lesen, die über diese Kunst Leon Battista Alberti verfasst hat, und die, wie alle seine anderen Werke, von M. Lodovico Domenichi so vortrefflich übersetzt wurde; dann auch das Werk des Vasari [1]).

Fab. Was Ihr mir über den Gegenstand sagtet, scheint mir zu genügen, nicht blos, um vollendet ein Urtheil abgeben, sondern auch um selbst vollendet malen zu können; denn Alles Andere ergibt sich grösstentheils aus der Erfahrung und Uebung selbst. Indessen, unter Allem dem, was Ihr gesprochen habt, gefielen mir ganz besonders zwei Gedanken: erstens, dass die Malerei Empfindungen erwecken müsse; zweitens, dass man als Maler geboren werde. Sieht man doch genug Viele, die bezüglich der Mache nichts versäumten, die lange sich mit dem Relief und mit der treuen Wiedergabe des Natürlichen abgemüht haben, und die dennoch nie aus der Sphäre des Mittelmässigen heraustraten; Andere wieder, welche, nachdem sie Anfangs die vielversprechendsten und schönsten Anläufe genommen, und, von der Hand der Natur geleitet, bedeutende Schritte nach vorwärts gemacht hatten, plötzlich von ihr verlassen, wieder rückwärts gingen, und nichts Rechtes wurden. Hier lassen sich trefflich, blos mit Aenderung zweier Worte, jene beiden sinnreichen Verse des Ariost anwenden:

---

[1]) Leon Battista Alberti's „de Pictura" ist zuerst in lateinischer Sprache in Basel 1540 erschienen. Die Uebersetzung in ital. Sprache, oder wie Vasari sagt „in lingua toscana" durch Lodovico Domenichi erschien in Venedig 1547. S. B. Albertis Werk „de re aedificatoria" erschien zuerst in Florenz 1485. L. B. Alberti ist geboren 1404, starb 1472. — Giorgio Vasari (geb. 1512, gest. 1574), gab seine „Vite de più eccellenti architetti, scultori e pittori" zuerst 1550 in Florenz bei L. Torrentino, und in zweiter Ausgabe 1568 heraus. L. Dolce hat nur von der ersten Ausgabe Gebrauch machen können.

„Der Dichter und der Maler gibt's nicht viele,
Der Maler mein' ich, die des Namens werth sind."
(Sono i Poeti ed i Pittori pochi,
Pittori, che non sian del nome indegni.)

Was aber die Erregung betrifft, so habe ich hier in Venedig nur wenige Bilder (jene des göttlichen Tizians natürlich ausgenommen) gesehen, welche eine solche bewirken.

Aret. Wenn wir also alle Momente untersuchen, welche zur Malerei gehören, so werden wir finden, dass Michael Angelo nur eines davon, und zwar die Zeichnung besass; während Rafael sie alle, oder doch wenigstens die grössere Anzahl derselben, sein eigen nannte, nachdem allerdings auch Rafael kein Gott, dem gar nichts abgeht, sein konnte. Fehlte aber Rafael Etwas, so war es wenig, und von nur geringer Wichtigkeit.

Fab. Beweist es.

Aret. Wer zunächst, was Erfindung betrifft, die Bilder des Einen und des Anderen genau, und mit Aufmerksamkeit, in allen ihren Einzelnheiten prüft, wird finden, dass Rafael Alles hier Einschlägige wunderbar beobachtete, Michel Angelo hingegen wenig, oder gar nicht.

Fab. Das schiene mir allerdings eine grosse Ungleichheit in der Parallele.

Aret. Dennoch behaupte ich hier nichts, was über die Wahrheit hinausgeht. Hört mir nur mit Geduld zu. Lassen wir das Historische unberührt, wo Rafael die Geschichtsschreiber in einer Weise erreichte, dass oft das Urtheil der Kenner sich zur Ansicht verleiten lässt, dieser Maler habe in seinen Bildern die Ereignisse besser dargestellt, als die Schriftsteller es in ihren Werken gethan, oder sei wenigstens gleichen Schritt mit ihnen gegangen. Reden wir von der Angemessenheit: Rafael hat selbe nie ausser Acht gelassen, und malte vielmehr Kinder, als wirkliche Kinder, nämlich weich und voll; Männer, kräftig, und Frauen mit jener Zartheit, die ihnen thatsächlich eigen ist.

Fab. Hat etwa der grosse Michel Angelo diese Angemessenheit nicht ebenfalls beobachtet?

Aret. Wollte ich Euch und seinen anderen Gönnern zu Gefallen sprechen, so würde ich sagen: ja. Soll ich aber der Wahrheit gemäss reden, so antworte ich: nein. Findet Ihr auch in den Bildern des Michel Angelo den allgemeinen Unterschied des Alters und des Geschlechtes ausgedrückt (was ohnehin Jedermann zu Stande bringt), so findet Ihr ihn gewiss nicht ebenso in der Wiedergabe der einzelnen Muskeln. Ich will hier nicht an eine Kritik seiner Werke gehen; theils ob der Verehrung, die ich für ihn hege, und die ein so grosser Mann wohl verdient, theils weil sie kaum nothwendig erscheint. Was aber sagt Ihr im Punkte der Ehrbarkeit? Scheint Euch, dass es angemessen sei, blos um die Schwierigkeiten der Kunst darzuthun, immer jene nackten Theile an den Menschengestalten zuchtlos zu enthüllen, welche Scham und Ehrbarkeit verhüllt halten, und das, ohne irgend welche Rücksicht zu nehmen, sei es auf die Heiligkeit der dargestellten Personen, sei es auf die Räumlichkeiten, in welchen sie uns vorgeführt werden?

Fab. Ihr seid wohl zu streng und zu gewissenhaft.

Aret. Wer wird wagen zu behaupten, es habe nichts auf sich, dass man in der Kirche des heiligen Petrus, des Fürsten der Aposteln, in einer Stadt wie Rom, welche von der ganzen Welt aufgesucht wird, in der Capelle des Papstes, der, wie Bembo mit Recht sagt, als ein Gott auf Erden erscheint, dass man da so viele gemalte nackte Figuren sieht, die ohne alle Schamhaftigkeit ihre vorderen und rückwärtigen Theile zur Schau tragen? Das ist unstreitig, mit allem möglichen Respect vor dem grossen Künstler gesprochen, einer geweihten Stätte ganz und gar unwürdig. Die Gesetze verbieten den Druck obscöner Schriften; um wie viel mehr sollten sie die Zurschaulegung solcher Bilder verbieten. Oder glaubt Ihr vielleicht, dass sie den Geist fromm stimmen, und ihn zur Betrachtung göttlicher Dinge erheben? Man sehe immerhin dem Michel Angelo, Dank seiner grossen Kunst, nach, was man bei keinem Anderen nachsehen würde; doch ebenso sei es uns erlaubt, die Wahrheit auszusprechen. Ist es aber nicht erlaubt, dann wollte ich nicht einmal, dass ich so viel gesagt hätte, obwohl ich es keineswegs um zu verletzen, oder um mit höherem Wissen zu prunken, sagte.

Fab. Gesunde Augen, mein Herr, werden durch den Anblick natürlicher Dinge weder corrumpirt, noch alterirt; während ungesunde so wie so nicht Das und nicht Jenes mit richtigem Sinne betrachten. Auch könntet Ihr Euch wohl denken, dass, wenn so Etwas in Wirklichkeit derart verderblich wäre, man es durchaus nicht bestehen liesse. Da Ihr aber nun alle Dinge mit der Strenge eines Socrates prüft, sagt mir doch, ob Ihr wirklich glaubt, dass Rafael viel keuschen Sinn an den Tag gelegt habe, als er jene Männer und Frauen auf Papier zeichnete, und durch Marc' Anton [1]) in Kupfer stechen liess, die sich auf lascive, ja geradezu obscöne Weise umarmt halten?

Aret. Darauf könnte ich Euch erwiedern, dass nicht Rafael, sondern Giulio Romano, sein Schüler und Nachfolger, der Schöpfer davon war. Aber auch angenommen, dass Rafael selbst sie Alle, oder doch zum Theile gezeichnet hätte — wenigstens hat er sie nicht an öffentlichen Plätzen, noch in Kirchen ausgestellt. Sie fielen in die Hände des Marc' Antonio, welcher sie, um Geschäfte damit zu machen, für Baiern in Kupfer stach, und welcher ob seiner Kühnheit, wenn ich mich nicht dazwischen gelegt hätte, von Papst Leo X. mit Recht gestraft worden wäre [2]).

---

[1]) Marc Antonio Raimondi, Kupferstecher und Maler, geboren um 1475, starb im Aug. 1534, wie dies aus einer Stelle in P. Aretino's „Cortigiana, comedia" gedruckt Venedig 1534 hervorgeht. (Vas. IX. p. 265. n. 2.) Nach Venedig kam Marc Anton im J. 1506.

[2]) Passavant Rafael, I. p. 580 berichtet über diese „Liebschaften der Götter" (Bartsch P. G. 231) folgendes: „Nach Vasari besteht die ganze Rei-

Fab. Das nennt man Aloe mit feinem Zucker bestreuen.
Aret. Ich sage durchaus nicht Unwahres. Es bleibt
übrigens dem Maler unbenommen, des Scherzes halber, mitunter auch Aehnliches hervorzubringen, so gut wie einige Dichter des Alterthums, um Mäcenas bei dessen Gartenfesten zu unterhalten, ausgelassene Scherze auf die Figur des Priamus zum Besten gaben. Aber öffentlich, und vor Allem, an geweihten Stätten, und bei heiligen Gegenständen, muss man auf Züchtigkeit halten. Es wäre für diese Gestalten des Michel Angelo viel besser, wenn sie mehr Schamhaftigkeit zeigend, sogar weniger vollendet in der Zeichnung sein würden, als dass sie, wie es jetzt der Fall ist, ebenso vollendet als schamlos sind. Rafael hat in allen seinen Schöpfungen dieses Princip der Sittlichkeit immer beobachtet, und obwohl er im Allge-

---

henfolge aus 20, nach P. Aretino aus 16 Blättern. Das einzig vollständige Exemplar besitzt die Sammlung Corsini in Rom, alle übrigen scheinen bis auf einzelne Fragmente, welche einst Mariette besass, und ein einzelnes Blatt in Wien zerstört. Dolce in seinem Dialogo p. 238 sagt, dass Marc Antonio diese Compositionen ohne Wissen des Giulio Romano in Kupfer gestochen habe, und Vasari berichtet, dass Pietro Aretino die Sonette dazu verfasst; sodann wie der Kupferstecher desswegen festgesetzt wurde und nur durch Verwendung des Cardinals Hyppolito de' Medici und des Baccio Bandinelli wieder die Freiheit erlangt habe. Folgendes schrieb Pietro Aretino am 19. December 1537 selbst darüber an Battista Zanetti da Brescia Cittadino Romano: „Da poi ch'io otenni da Papa Clemente — nicht Leo X., wie Dolce schreibt — la libertà di Marc' Antonio Bolognese, il quale era in prigione per havere intagliato in rame i XVI modi etc. mi venne volontà di veder' le figure cagione che le querele Gibertine (Gio. Matteo Giberti, damals päpstlicher Kanzleipräsident, später Bischof von Verona) esclamavano; che il buon' vertuoso si crocifiggesse: e vistele, fui tocco da lo spirto, che mosse Giulio Romano a disegnarle etc." Er entschuldigt dann die lasciven Darstellungen, wenn sie geistreich und humoristisch, wie diese, behandelt seien. Allein wie kann man sich auf die Aussage des Pietro Aretino verlassen, der voll Lug und Trug war. Dass durch seine Vermittlung Marc Anton befreit worden sei, ist auch im höchsten Grade unwahrscheinlich". — Die „XVII Sonetti lussuriosi di Pietro Aretino" erschienen um 1527, und gehören in dieser Ausgabe zu den grössten Seltenheiten. S. Mazzuchelli l. c. p. 274.

meinen seinen Gestalten ein sanftes und liebreizendes Wesen, welches bezaubert und hinreisst, verleiht, so hält er nichtsdestoweniger in den Köpfen der Heiligen, besonders der heiligen Jungfrau, der Mutter des Heilandes, immer wieder einen gewissen Zug von Heiligkeit und Göttlichkeit fest, der nicht blos im Gesichte, sondern auch in der ganzen Haltung sich kundgebend, dem Geiste der Menschen jeden bösen Gedanken zu entwinden scheint. D'rum steht Rafael, was diese Seite der Erfindung betrifft, sowohl hinsichtlich des Historischen, als auch hinsichtlich der Angemessenheit höher.

Fab. Mir will es nicht einleuchten, dass Michel Angelo in der Composition des Historischen dem Rafael nachstehe; ich glaube vielmehr das Gegentheil, das heisst: dass Michel Angelo ihn weit übertreffe. Auch wird behauptet, dass in der Anordnung seines wunderbaren „Gerichtes" gewisse tiefgedachte Allegorien enthalten sind, die allerdings nur von Wenigen verstanden werden.

Aret. Das wäre an und für sich nur lobenswerth; denn es würde den Anschein haben, dass er dabei jene grossen Philosophen nachgeahmt habe, welche die höchsten Mysterien der göttlichen sowie der Weltweisheit hinter den Schleier der Poesie versteckten, um vom Pöbel nicht verstanden zu werden, da sie Perlen den Schweinen nicht vorwerfen mochten. Ich wollte daher annehmen, dass dies die Absicht Michel Angelo's gewesen sei, wenn man nur nicht in seinem „jüngsten Gerichte" auch noch lächerlichen Dingen begegnen würde.

Fab. Und welche sind diese lächerlichen Dinge?

Aret. Ist es nicht lächerlich, sich im Himmel unter der Menge der zur Seligkeit berufenen Seelen, deren einige zu denken, die sich zärtlich küssen, während doch ihr ganzes Wesen nur auf göttliche Betrachtung und auf das eben zu erfliessende Urtheil gerichtet sein sollte; und dass an einem so furchtbaren Tage, wie der Tag des jüngsten Gerichtes, laut dem, was wir lesen und glauben, es sein wird: an einem Tage, von welchem die heilige Schrift verkündet, dass an demselben selbst der Tod und die Natur vor Schrecken erstarren werden, nachdem das ganze Menschengeschlecht an diesem Tage wird erstehen müssen, um dem ewigen Richter über Alles im Leben gethane Gute und Schlechte genau Rechenschaft zu geben. Und dann: was für ein mystischer Sinn soll darin stecken, dass Christus bartlos dargestellt wurde; oder dass einer der Teufel eine grosse Menschengestalt, die er an den Hüften mit den einschneidenden Klauen umfasst hält, und die vor Schmerz sich in die Finger beisst, herunter in die Tiefe zerrt? Doch lasst mich gefälligst hier abbrechen, damit es nicht aussehe, als wollte ich Uebels einem Manne nachsagen, der sonst einen wahrhaft göttlichen Zug an sich hat.

Fab. Ich wiederhole, dass seine Erfindungsgabe eine höchst geistvolle und nur von Wenigen verstandene ist.

Aret. Mir will es nicht sehr anerkennenswerth scheinen, dass das Auge von Kindern, Matronen und Mädchen an jenen Gestalten all' das Unsittliche besichtige, das Letztere offen zur Schau tragen, und dass nur Eingeweihte die Tiefe der Allegorien, die dort stecken, verstehen. Da wende ich auf ihn die Worte an, welche, wie man sich erzählt, ein würdiger Gelehrter bezüglich des satyrischen Dichters Persius, dessen Schriften ebenfalls sehr dunkel sind, sprach: wenn du nicht verstanden sein willst, ich für meinen Theil mag Dich auch nicht verstehen; worauf der Mann das Buch ins Feuer warf, gleichsam als wollte er Vulcan damit ein entsprechendes Opfer bringen. So sage auch ich: Da Michel Angelo verlangt, dass seine Intentionen nur von wenigen Eingeweihten erfasst werden, und ich nicht zu diesen gehöre, so überlasse ich sie ihm gerne. Wir haben nun Michel Angelo auf dem Gebiete heiliger Historien geprüft; prüfen wir ein wenig Rafael auf jenem der profanen. Finden wir ihn hier ungemein correct und züchtig, so begreift man leicht, um wie viel er es noch mehr bei anderen Gegenständen gewesen sein muss.

Fab. Ich höre Euch zu.

Aret. Habt Ihr bei unserem Freunde Dolce[1]) die von Rafaels Hand herrührende Zeichnung der Roxane gesehen, welche bereits in Kupfer gestochen ward?

Fab. Es ist mir nicht erinnerlich.

Aret. Diese mit Wasserfarben verfertigte, und an den lichten Stellen mit Bleiweiss retouchirte Zeichnung Rafaels stellt die Krönung Roxane's, eines wunderbar schönen Weibes dar, das von Alexander dem Grossen glühend geliebt ward, den man auch ihr gegenüber, ihr die Krone darbietend, sieht. Roxane sitzt in schüchterner und achtungsvoller Stellung neben einem Bette; sie ist ganz nackt: nur dass, um das Schamgefühl zu schonen, ein feiner und weicher Schleier ihr jene Theile deckt, die verhüllt bleiben sollen. Man könnte sich wohl kaum einen sanfteren Ausdruck, noch einen zarteren Körper, der dabei doch die entsprechende Fülle hat, und einen nicht allzu gestreckten, dennoch aber angemessen leichten Wuchs zeigt, denken. Ein nacktes Kind mit Flügeln entblösst ihr den Fuss; ein zweites an der oberen Seite, ordnet ihr das Haar. Etwas mehr im Hintergrunde sieht man einen Jüngling, ebenfalls nackt, welcher Hymen, den Ehegott darstellt, wie er mit dem Finger auf Roxane deutend, Alexander gleichsam zu den Spielen der Venus oder der Juno auffordert; neben ihm steht ein Mann mit einer Fackel in der Hand. Noch weiter seitwärts ist eine Gruppe Kinder ersichtlich, deren einige eines unter ihnen auf Alexanders Schild heben, und dabei eine ihrem Alter entsprechende Anstrengung und Lebhaftigkeit verrathen. Eine

---

[1]) Rafael's Zeichnung der Roxane. Wir haben Nachrichten von drei Zeichnungen Rafaels, welche diesen Gegenstand behandeln; diejenige, welche Dolce beschreibt, ging in den Besitz des Conte Malvasia über. Der erwähnte Kupferstich ist von J. Caraglio. (Passavant Rafael III. p. 311.)

andere Gruppe trägt Alexanders Lanze. Auch ein Kind ist da, welches sich des Kriegers allzuschweren Panzer anlegte, unter dem Gewichte desselben auf die Erde fiel, und nun zu weinen scheint. Alle haben ein selbsteigenes Wesen an sich, zeigen verschiedene Stellungen, und sind durchgehends hübsch. In dieser Composition hat Rafael gleichzeitig der Geschichte, der Angemessenheit und der Sitte genügt, und ausserdem so zu sagen als stummer Dichter, die Erfindung seines Hymens, und der Kinder, aus Eigenem geschöpft.

Fab. Es ist mir erinnerlich, diese Erfindung schon im Lucian vorgefunden zu haben.

Aret. Sei es, wie es wolle: sie ist im Bilde so vortrefflich zum Ausdrucke gebracht, dass man wahrhaftig zweifeln könnte, ob sie Rafael aus Lucian's Werken, oder Lucian aus Rafaels Bildern genommen habe, wäre nicht die Thatsache vorhanden, dass Lucian um mehrere Jahrhunderte vor Rafael lebte. Doch was schadet das? Auch Virgil beschrieb seinen Laocoon so, wie er ihn früher an der Statue der drei Bildhauer von Rhodus[1]) gesehen hatte, die noch heute in Rom die staunende Bewunderung aller erweckt. Es ist ohnehin eine gar oft wiederkehrende Thatsache, dass sich Maler ihre Erfindungen bei Poeten, und diese dafür die ihrigen bei Malern holen. Das Nämliche könnte ich hier in Betreff seiner schönen Galathea[2]), die

---

[1]) Die Loacoongruppe, entworfen und ausgeführt von den rhodischen Bildhauern Agesander, Athenodorus und Polydoros befindet sich bekanntlich im Cortile des Belvedere im Vatican. — Die Laocoonsgruppe beschäftigte nicht blos Künstler und Gelehrte, sondern auch Dichter. Siehe „Stanze Eurialo d'Ascoli sopra le Statue Laocoonte, di Venere, et d'Apollo. Al Gran Marchese del Vasto" Stampate in Roma, in Campo di Fiore, per M. Vallerio Dorico et Luigi Fratell Bresciani. A' di XX di Giugno MDXXXIX. In dieser Ausgabe finden sich Holzschnitte der Laocoongruppe und des Apollo vom Belvedere, die wenig bekannt sind.

[2]) Die Galathea, Freskobild in der Farnesina, gemalt zwischen 1512 und 1514; in Kupfer gestochen von Marc Anton, Bartsch P. G. XIV. n. 350.

mit der reizenden Dichtung des Angelo Poliziano[1]) sich um den Rang streitet, wie auch hinsichtlich vieler anderer seiner anmuthsvollen Phantasien wiederholen. Doch würde mich das zu weit führen; Ihr anderseits könnt sie in Rom selbst oft genug gesehen haben; wenn nicht, sie nach Belieben oft besichtigen. Ausserdem erwähne ich hier nicht seine von dem gewandten und fleissigen Marc Antonio in Kupfer gestochenen Zeichnungen, noch die ebenfalls von Rafaels Hand herrührenden anderen Zeichnungen, welche sich bei verschiedenen Privatpersonen befinden, und welche so unendlich zahlreich sind, dass sie allein schon einen entscheidenden Beweiss für die grosse Fruchtbarkeit dieses göttlichen Genius liefern. In allen diesen Arbeiten begegnet man wunderbaren Inspirationen, neben all den Rücksichten, die ich bereits hervorgehoben habe. Auf dem Gebiete heiliger Gegenstände aber wird es genügen, auf das Bild der heiligen Cäcilie mit der Orgel, das sich in der Kirche des San Giovanni in Monte zu Bologna befindet, hinzuweisen: ferner auf jenes der Verklärung[2]) Christi auf dem Berge Tabor, welches bei San Pietro Montorio in Rom zu sehen ist, ohne

---

[1]) **Angelus Politianus**, geb. 1454 zu Monte-Pulciano, gehört zu den hervorragendsten Humanisten seiner Zeit. Die Werke des A. Politianus sind oft herausgegeben worden. Die Galathea Rafaels bringt man mit einer Dichtung desselben in Verbindung, welche unter dem Titel „Stanze di Messer Angelo Politiano cominciate per la giostra del Magnifico Giuliano di Piero di Medici" Venetia MDXXXVII bei Nicolo d'Aristotele gedruckt wurden. Die Verse
„Duo formosi Delphini in carro tirano
Sopra esso e Galathea col fren corregie" u. s. f.
scheinen mit Rücksicht auf Rafaels Gemälde geschrieben worden zu sein.

[2]) Die h. **Cäcilia** Rafaels durch Hacquin 1803 vom Holz auf Leinwand übertragen, nach Passavant nach 1513 gemalt, — befindet sich gegenwärtig in der Gemäldegallerie in Bologna.

Die „**Verklärung Christi**", auf Holz gemalt, ist gegenwärtig in der Gemäldegallerie des Vaticans. Von Rafael unvollendet gelassen, wurde es besonders im unteren Theile des Bildes von Giulio Romano vollendet.

dabei der Unzahl anderer Bilder von ihm Erwähnung zu machen, die über ganz Italien verbreitet sind, und durchgehends herrliche Schönheiten athmen.

Fab. Allerdings habe ich in Rom und anderswo viele Schöpfungen Rafaels gesehen, die unstreitig wahre Wunder sind, und die, was Erfindung betrifft, jene des Michel Angelo erreichen, vielleicht auch übertreffen. Aber hinsichtlich der Zeichnung, wie könnt Ihr ihn da mit Letzterem vergleichen?

Aret. Immer werde ich Euch, Fabrini, wie bisher Euere Meinung lassen, und das umsomehr, als ich ohnehin nichts daran ändern kann. Denn nicht Alle sind durch Vernunftgründe zu überzeugen: theils aus Eigensinn, theils aus Unwissenheit und theils aus Affectation. Ihr selbst seid von beiden ersteren Eigenschaften frei; nur die dritte steckt Euch an, die allerdings verzeihlich ist, die aber, wie ich schon einmal citirte:

„Gar oft lässt falsch seh'n selbst gesunde Augen."
(Spesso occhio ben san fa veder torto.)

In Betreff der Zeichnung, welche den zweiten Factor bildet, muss man den Menschen, laut dem Vorhergehenden, angekleidet und nackt, in Betracht ziehen. Was die nackte Gestalt anbelangt, so gestehe ich, dass Michel Angelo's Kunst an das Wunderbare und Uebermenschliche streift. Noch nie hat ihn Jemand übertroffen; wohlverstanden aber nur in einer Richtung: in jener nämlich, eine stark muskulöse und markirte Nudität, reich an Kürzungen und ungemein kühnen Wendungen, welche die ganze Schwierigkeit der Technik im Detail zeigen, darzustellen. Jeder Körpertheil, und dann wieder Alle als Ganzes zusammengenommen, sind so vorzüglich gemacht, dass ich zu sagen wage: man könne etwas Herrlicheres und Vollendeteres überhaupt nicht leisten, ja nicht einmal sich denken. Im übrigen aber steht er nicht blos tief unter sich selbst, sondern tiefer als Andere; denn er kann nicht — oder will nicht — die Unterschiede an Alter und Geschlecht berücksichtigen, die wir früher hervorgehoben haben, und worin Rafael so bewunderungswürdig erscheint. Kurz: wer eine einzige Figur des Michel Angelo sieht, der hat sie alle gesehen. Ausserdem muss noch bemerkt werden, dass Michel Angelo die gesuchteste und gewaltigste Form des Nackten, Rafael hingegen die gewinnendste und anmuthigste sich gewählt hat. Es haben daher auch Manche Michel Angelo mit Dante und Rafael mit Petrarca verglichen.

Fab. Versucht es nicht, mich in sogenannte Vergleiche zu verwickeln — obwohl sie eigentlich zu meinen Gunsten sprechen; denn bei Dante findet man Kern und Gelehrsamkeit, während Petrarca nur Eleganz des Styles und poetischen Schmuck bietet. Das erinnert mich an einen Minoritenmönch, der vor vielen Jahren in Venedig predigte und mitunter diese zwei Dichter citirend, die Gewohnheit hatte, Dante den „Herrn September", und Petrarca den „Herrn Mai" zu nennen, wodurch er auf die beiden verschiedenen Jahreszeiten, die eine reich an Früchten, die andere blumengeschmückt anspielen wollte. Stellt Euch doch eine nackte Studie des Michel Angelo, und eine andere des Rafael vor die Augen hin, und nachdem Ihr diese und jene recht aufmerksam betrachtet, entschliesst Euch dann zu bestimmen, welche von ihnen die vollkommenere sei.

Aret. Ich wiederhole, dass Rafael jede Art des Nackten in seiner Gewalt hatte, und dass Michel Angelo nur in einer Art desselben excellirte; ferner, dass die Nuditäten des Rafael auch noch den Vorzug haben, dass sie anziehender sind. Ich unterzeichne nicht was einst ein geistreicher Kopf sagte, dass nämlich Michel Angelo Lastträger, Rafael aber Edelleute male; denn Rafael hat, wie ich schon bemerkte, alle Richtungen, so auch, ausser der Anmuth, das Gewaltige, und selbst das Gesuchte, wenn Letzteres auch in moderirteren und sanfteren Wendungen vertreten. Er liebte naturgemäss die feine Form, und das Zarte, weil er selbst in seinem Benehmen und in seinen

Sitten äusserst fein und artig war; so zwar, dass er selbst für Alle nicht minder anziehend war, wie seine Figuren.

Fab. Es ist nicht genug zu behaupten, diese Studie des Nackten sei schön und vollendet; man muss es auch beweisen.

Aret. Antwortet mir vor Allem auf eine Frage. Sind Rafaels Arbeiten im Nackten etwa verrenkt, zwerghaft, fleischig, zu dürr? sind die Muskeln daselbst nicht in ihrer richtigen Lage? oder finden sich da andere Mängel vor?

Fab. Ich habe immer gehört, dass sie gelungen sind; dass sich aber bei ihnen nicht jene künstlerische Fertigkeit vorfindet, die man an jenen des Michel Angelo sieht.

Aret. Worin besteht diese Kunstfertigkeit?

Fab. Sie haben nicht die schönen Contouren, welche denen dieses Letzteren eigen sind.

Aret. Welche sind diese schönen Contouren?

Fab. Die sind's, welche jene schönen Beine, jene schönen Füsse, Hände, Rücken, Hüften und Alles Uebrige im Umrisse angeben.

Aret. Also Euch, und den Parteigängern des Michel Angelo scheint es nicht, dass Rafaels Nuditäten diese schönen Eigenschaften besitzen?

Fab. Nicht nur schöne sage ich, sondern sehr schöne Eigenschaften weisen sie nach; aber nur nicht in dem Grade, wie die Nuditäten des Michel Angelo.

Aret. Woher entnehmt Ihr die Regeln, um dieses Schönheitsmaass zu beurtheilen?

Fab. Ich glaube wohl, dass man sie, wie Ihr ja selbst sagtet, dem Natürlichen und den Statuen der Antike entnehmen müsse.

Aret. Dann werdet Ihr zugeben, dass die Nacktheiten des Rafaels alle Vorzüge des Schönen und Vollendeten an sich haben; denn selten führte er eine Arbeit aus, ohne die Natur oder die Antike sich zum Vorbilde zu nehmen. Daher auch das Erstaunliche an den Köpfen, Beinen, Rücken, Armen, Füssen und Händen seiner Figuren.

Fab. Er brachte nicht in derselben Weise wie Michel Angelo die Knochen, Muskeln, gewisse kleine Nerven und andere feinere Dinge zum Vorschein.

Aret. Diese Partien hat er in seinen Figuren soweit es gut war zum Vorschein gebracht, während Michel Angelo — ich sage das, ohne ihn beleidigen zu wollen — manchesmal darin zu viel des Guten that. Das ist so klar, dass es kaum Noth thut, über diesen Punkt ein Mehreres zu sagen. Dann müsst Ihr Euch an meine Worte erinnern, dass es weit wichtiger ist, die Knochen mit vollem und zartem Fleische zu bedecken, als sie geschunden darzustellen. Beweis dessen, dass die Alten, der Mehrzahl nach, ihre Figuren zart und wenig markirt darstellten. Indessen soll durchaus nicht behauptet werden, dass Rafael sich immer nur an dem Zarten gehalten habe. Im Gegentheile: indem er bei seinen Figuren mannigfaltig vorging, hat er auch, wie ich schon bemerkte, starke markirte Nacktheiten, je nach Bedarf vorgebracht; wie man dies in seinen Schlachtbildern, an der Figur jenes von seinem Sohne getragenen Greises, und bei vielen anderen sieht. Doch gab er sich nicht viel mit dieser Malerei ab, weil sein Hauptziel darin bestand, dass er gefalle (was auch in Wirklichkeit das vorzüglichste Streben des Malers sein soll); so dass während er darnach trachtete, sich lieber den Beinamen des „Gefälligen", als jenen des „Gewaltigen" zu verdienen, ihm statt dessen der Beiname des „Anmuthigen" zu Theil ward. Denn ausser der Erfindung, der Zeichnung, der Mannigfaltigkeit, und ausserdem, dass alle seine Arbeiten unendlich fesseln, ist denselben auch noch jener Vorzug eigen, den die Figuren des Apelles, wie Plinius schreibt, hatten, nämlich Reiz; was ein gewisses Etwas ist, das bei Malern und Dichtern bezaubert, und den Geist mit unendlicher Lust erfüllt, ohne dass man selbst entdecken könne, von

woher dieses Etwas, das uns so sehr erfreut, komme. Als Petrarca, der anmuthige und wunderbare Maler der Reize und Tugenden seiner Laura, darüber Betrachtungen anstellte, sang er:
„Ein Etwas war in ihrem Aug', das plötzlich
Erhellen kann die Nacht, den Tag verdunkeln,
Den Honig bitter, süss den Wermuth machen."
(„E un non so che ne gli occhi, che in un punto
Po far chiara la notte, oscuro il die,
E'l mele amaro, addolcir l'ascensio.")

Fab. Was Ihr Reiz nennt, wird von den Griechen mit dem Worte Charis bezeichnet, das ich immer mit „Grazie" übersetzen würde.

Aret. Auch wusste derselbe grosse Rafael auf vollendete Art, wenn er es wollte, seine Figuren in Kürzung auszuführen. Ebenso ist es kaum nöthig, dass ich Euch auseinandersetze, wie er in allen seinen Schöpfungen eine so merkwürdige Mannigfaltigkeit an den Tag legte, dass keine einzige seiner Gestalten, sei es im Ausdruck oder in der Haltung, der anderen ähnlich sieht; so zwar, dass man bei denselben in dieser Beziehung, nicht den Schatten Dessen sieht, was unsere modernen Maler schlechtweg Manier nennen, das ist eine schlechte Gewohnheit, welche die Figuren und Gesichtszüge fast immer gleichartig hervorbringt. Während nun Michel Angelo in allen seinen Werken fort und fort das Schwierige hervorgesucht hat, strebt Rafael umgekehrt, stets die Leichtigkeit an; etwas, das sich nur mühevoll erreichen lässt (wie ich schon einmal bemerkt habe), das er aber in einer Weise erlangte, die zum Glauben verleiten könnte, seine Bilder seien ohne Nachdenken, ohne Arbeit und Mühe entstanden — was gerade ein Zeichen hoher Vollkommenheit ist. Dasselbe sieht man bei Schriftstellern, unter welchen die besten als die am leichtesten produzirenden erscheinen; so bei Euch Gelehrten Virgil und Cicero; so bei uns Ariost und Petrarca. Was die Kunst zu bewegen und anzuregen betrifft, so will ich diesfalls zu dem bereits Gesagten nichts hinzufügen; es wäre denn, Ihr behauptet, dass seine Figuren nicht bewegen, noch anregen.

Fab. Das eben nicht. Was aber sagt Ihr über jene des Michel Angelo?

Aret. Darüber werde ich gar nichts sagen; weil das Etwas ist, worüber Alle gleichmässig zu urtheilen berufen sind, und weil ich nicht möchte, dass meine Worte ihn verletzten.

Fab. Geht also zum Colorit über.

Aret. Es ist vorher nothwendig, dass wir auch den angekleideten Menschen betrachten.

Fab. Geht über das hinaus; denn ich weiss ohnehin, dass Rafaels Drapirungskunst höher, als jene des Michel Angelo gestellt wird; vielleicht darum, weil Rafael mehr Studium auf die Gewandung der Figuren, Michel Angelo mehr auf die Darstellung des Nackten verwendete.

Aret. Nicht doch; Rafael war mit dem Einem und mit dem Anderen gleich vertraut. Michel Angelo nur mit Letzterem. So könntet Ihr jetzt einsehen, dass Beide im Zeichnen sich gleich sind; dass aber Rafael höher steht, weil er mannigfaltiger und universeller ist, weil er die unterscheidenden Eigenthümlichkeiten des Geschlechtes und des Alters besser beobachtete, und weil man in seinen Bildern mehr Grazie und Geschmack begegnet, so zwar, dass sich noch Keiner fand, dem seine Arbeiten nicht gefallen hätten. Was nun das Colorit betrifft...

Fab. In diesem Punkte will auch ich Euch beistimmen — doch sprecht nur zu.

Aret. Der anmuthsvolle Rafael übertraf im Colorit Alle, die vor ihm malten, sei es in Oel, sei es a fresco; in letzterem Genre noch mehr, so dass ich Viele sagen hörte, Rafaels Mauer-Bilder überträfen das Colorit selbst der grössten Oelmaler. sie sind zart, gesättigt, durch schönes Relief harmonisch verbunden, und weisen Alles nach, was die Kunst überhaupt

bieten kann. Das ist, was fort und fort der ganzen Welt Santo[1]) genannt Zago, verkündet, der selbst ein gewandter und tüchtiger Maler a fresco, ausserdem ein Kenner von Antiquitäten, deren er eine grosse Anzahl besitzt, und auch ein Pfleger der Geschichte und der Poesie, der sich rastlos mit Lectüre beschäftigt, ist. Vom Colorite gar des Michel Angelo will ich nicht eigens sprechen, da Jedermann ohnehin weiss, dass er sich nicht sehr darauf verlegte, und auch Ihr es wohl zugeben werdet. Rafael seinerseits verstand es, mittelst des Colorits, jegliches Ding: Fleischtöne, Gewänder, Landschaftliches, und was sonst einen Maler in den Sinn kommen kann, wunderbar nachzuahmen. Er hat auch Porträts nach der Natur gemacht: so jenes des Papstes Julius II., Leo X. und mehrerer anderer hohen Persönlichkeiten, die alle, so zu sagen, göttlich ausgeführt sind. Selbst ein grosser Architekt war er, so dass nach dem Tode Bramante's[2]) derselbe Leo X. ihm den Ausbau des Petersdomes und des Pallastes auftrug. D'rum sieht man in seinen Bildern öfter Bauten, die mit vortrefflicher Perspective gezeichnet sind. Er starb jung, was der Malerkunst grossen Schaden verursachte. Trotzdem hinterliess er einen, man kann wohl behaupten, in allen Theilen Europas hochberühmten Namen, und Vasari hat Recht, wenn er erzählt, dass Rafael die wenigen Jahre seines Lebens nicht wie ein Privatmann, sondern wie ein Prinz durchlebte, indem er grossmüthig sein

[1]) Zago Santo, aus der Schule Tizians hervorgegangen; ein Altarbild in S. Caterina in Venedig. Der Name des Künstlers ist nicht sichergestellt. Zanetti führt mehrere seiner Werke im Palazzo Valerio a S. Giobbe, auf einem Hause auf dem Campo di S. Fantino u. s. f. auf. Er schreibt seinen Gemälden warme und lebhafte Farben zu, die mit mehr Kraft als Zartheit ausgeführt sind. S. Zanetti „Della pittura Veneziana." p. 241.

[2]) Lazzari Donato gen. Bramante, geb. 1444 zu Monte Asdrualdo im Gebiete von Urbino, seit 1499 in Rom, starb 1514 daselbst. — Der Bestallungsbrief Rafael's zum Baumeister der Peterskirche ist datirt vom 1. August 1514.

Wissen und sein Geld unter Allen vertheilte, die sich der Malerkunst widmeten, und dabei sich in dürftiger Lage befanden. Man glaubte seinerzeit auch allgemein, dass der Papst ihm den Cardinalshut verleihen wollte; denn ausser der vollendeten Kunst des Malens besass Rafael noch gar viele hervorragende Vorzüge: gute Sitten, feine und honette Manieren, wie sie einem Edelmanne geziemen. Diese seltenen Eigenschaften bestimmten den Cardinal Bibbiena ihm, wenn auch gegen seinen Willen, die eigene Nichte[1]) zur Frau vorzuschlagen; eine Heirath, die Rafael allerdings in die Länge zog, und schliesslich in der Aussicht nicht einging, dass der Papst, der es ihm versprochen hatte, ihn zum Cardinal machen würde. Dafür hatte ihm der Papst, kurz vor seinem Tode, die Würde eines Kämmerlings, die ein sehr ehrenvolles und lucratives Amt ist, verliehen. Ihr könntet nun zur Ueberzeugung gelangt sein, dass Rafael in der Malerei Michel Angelo nicht nur erreichte, sondern noch übertraf. Was aber die Bildhauerkunst anbelangt, so ist Michel Angelo darin einzig, göttlich, und steht auf der Höhe der Antike. Er braucht da weder meine, noch Anderer Lobsprüche, und kann in dieser Kunst nur durch sich selbst übertroffen werden.

Fab. Euere Erörterung, mein Lieber, hat mich sehr befriedigt. Von nun an will ich auch Euere Meinung theilen; denn bei solchen Gründen kann sich der Mensch nicht täuschen. Doch wir haben noch immer so viel Zeit, dass Ihr mich, falls Euch das Reden nicht bereits zu sehr ermüdet hat, auch über die Vorzüge noch einiger anderer Maler aufklären könnt.

Aret. Ich pflege nicht durch so wenig mich ermüden zu

---

[1]) Maria, die Tochter des Antonio Divizio da Bibiena, eines Brudersohnes des Cardinals S. Maria in Portico, begraben in Rafaels Grabkapelle im Pantheon, s. Passavant l. c. p. 559. — Was Dolce des Weiteren über Rafael und sein Verhältniss zu Leo X. und Bibiena erzählt, ist so ziemlich dasselbe, was auch aus Vasari hinlänglich bekannt ist.

lassen. Es ist das ausserdem etwas, was ich Euch versprochen habe; daher ich nicht unterlassen will, auch über einige andere Maler zu sprechen, damit Ihr einsehen möget, dass der Himmel uns heutzutage eben so günstig in der Malerei, wie in der schönen Literatur war. Ich sage also, dass Leonardo Vinci in jeder Beziehung dem Michel Angelo gleich kam; doch besass er einen nach so erhabenen Dingen gerichteten Geist, dass ihn das, was er geschaffen hatte, nie selbst zufrieden stellte. Obwohl in Allem tüchtig, leistete er besonders Erstaunliches im Darstellen von Pferden[1]). Nach ihm kam Giorgio da Castelfranco[2]), ein sehr geachteter Maler, welcher aber noch

---

[1]) Dass Dolce bei Leonardo die Kunst, Pferde darzustellen, besonders hervorhebt, erklärt sich wohl durch das ungewöhnliche Aufsehen, welches das Modell zur Reiterstatue Lodovico Sforza's (1493) und der Carton der Schlacht von Anghiari (1504—1505), in welchem Reiterkämpfe die hervorragendste Stellung einnehmen, in Künstlerkreisen erregt haben.

[2]) Es dürfte manchen unserer Leser angenehm sein, alle Giorgione betreffenden Stellen in L. Dolce's „l'Aretino" zusammenzustellen, und sie mit dem zu vergleichen, was Ridolfi und insbesondere Vasari im I. ben Tizians über das Wechselverhältniss Giorgione's zu Tizian berichtet. L. Dolce erwähnt Giorgione an mehreren Stellen:

S. 2 erwähnt er, dass Bellini für seine Zeit ein guter und sorgfältiger Meister „später von Giorgio da Castelfranco übertroffen wurde, und dieser wieder in ungeheurem Maasse von Tizian".

S. 34 spricht er von dem Aeusseren des s. g. Fondaco de Tedeschi, welches von „Giorgione da Castelfranco" gemalt wurde, und dem gegen die Merceria zugewendeten Theil, von Tizian, „welcher damals noch ein Jüngling (giovane) war".

S. 100 führt er die grossen Meister Italiens auf Michel Angelo, Lionardo „nach ihm kam Giorgione da Castelfranco, ein sehr geachteter Maler, welcher aber noch weit mehr versprochen hatte (pittor di grande stima, ma di maggiore aspettazione) und von dem ein Paar Bilder so lebendig im Ausdruck und dabei so zart im Tone, dass an ihnen keine Schatten existiren (sfumato tanto, che non si scorgono ombre). Dieser ausgezeichnete (valente) Mann starb an der Pest, zu nicht geringem Verluste für die Kunst".

S. 104 gibt Dolce die Jugendgeschichte Tizians. Er erzählt, dass Tizian von seinem Onkel zu den Zuccatti's, dann zu Gentile Bellini gegeben, und

weit mehr versprochen hatte, und von dem ein Paar Bilder so
lebendig im Ausdrucke und dabei so zart im Tone (sfumato

da dieser ihn belehrte, „dass er in der Malerei nicht weiter kommen würde, nachdem er sich von seiner eigenen Manier so sehr entferne", so habe er sich Giovanni Bellini genähert, der ihn auch nicht befriedigte, und so wählte er sich Giorgio da Castelfranco. „In Gemeinschaft nun mit Giorgione (denn so ward Giorgio da Castelfranco auch genannt) zeichnend und malend, errang Tizian bald einen so gefeierten Namen in der Kunst, dass, als Giorgio die Arbeiten an der dem Canal grande zu gelegenen Façade des Magazins genannt „Fondaco de Tedeschi" aufnahm, Tizian, wie ich schon erzählte, obwohl damals kaum erst zwanzig Jahre alt, die andere der Merceria zugewendete Seite des Gebäudes zur Ausmalung zugewiesen erhielt. „Tizians Judith gefiel dort sehr, wurde aber für Giorgiones Werk gehalten, und dieser darob beglückwünscht". Zu seinem grossen Verdrusse antwortete ihnen Giorgione, dass sie von der Hand seines Schülers stamme, der bereits zeige, dass er den Lehrer übertreffe, und hielt sich hierauf — was das Schlimmste ist — einige Tage, wie ein Verzweifelter zu Hause, untröstlich darüber, dass ein gar so junger Mann schon mehr wisse, als er selbst".

S. 101 wird dem Giorgione der Ausspruch in den Mund gelegt, „Tizian sei schon im Mutterschoosse ein Maler gewesen".

Aus diesen Worten Dolce's geht deutlich hervor:

1. dass Dolce Tizian für jünger hielt, als Giorgione;

2. dass Tizian in der Zeit, nachdem er das Atelier Bellini's verlassen hat, in das Atelier des Giorgione eintrat;

3. dass er die coloristischen Grundlagen seiner Technik in der Schule Giorgione's erhielt, — in der öffentlichen Meinung aber bald Giorgione überflügelte.

Mit diesen Anschauungen L. Dolces über das Wechselverhältniss Giorgiono's und Tizian's stimmt auch Vasari vollständig überein.

Auch Vasari erzählt, dass Tizian bei Gian Bellino, der wie die anderen Maler Venedigs, weil sie die Antike nicht studirt, eine „maniera secca, cruda, e stentata" gehabt hat, „per allora quel modo" gelernt hat. Dann sei circa 1507 Giorgione da Castelfranco gekommen, dem die bisherige Art zu malen nicht gefiel, und der anfing „a dare alle sue opere più morbidezza, e maggiore rilievo con bella maniera; usando non di meno di cacciarsi avanti le cose vive e naturali, e di contrafarle quanto sapeva il meglio con i colori, e macchiarle con le tinte crude e dolci, secondo che il vivo mostrava, senza far disegno; tenendo per fermo che il dipingere solo con i colori stessi,

tanto) existiren, dass man an ihnen gar keine Schatten sieht. Dieser ausgezeichnete Mann starb an der Pest, zu nicht geringem senz' altro studio di disegnare in carte, fusse il vero e miglior modo di fare ed il vero disegno". Dass in den letzteren Worten eine Uebertreibung liegt, ist klar. Die Stylisten und Akademiker, zu denen G. Vasari gehört, zeichnen eben anders, als die Coloristen — aber Giorgione und Tizian, Rubens und Rembrandt, Murillo und Velasquez zeichnen in ihrer Art so gut, wie Vasari und die Florentiner, nur ihre Art war eine andere.

Tizian, so spricht Vasari weiter, nachdem er „il fare e la maniera" des Giorgione gesehen hatte, verliess die Manier des Bellino. Er sah ein, dass er damit viel Zeit verloren habe; aber er machte sich so schnell die Manieren des Giorgione eigen, dass öfters die Werke beider verwechselt wurden.

Als Tizian dem Giorgione zu folgen begann, hatte er nicht mehr als 18 Jahre; da malte er das Porträt seines Gönners, des Dogen Barbarigo so vortrefflich, dass, wenn Tizian nicht seinen Namen darunter geschrieben hätte, es für ein Werk Giorgione's gehalten worden wäre. Da Agostino Barbarigo 1485—1501 Doge war, so ergibt sich, dass das Porträt Barbarigo's eines der ersten Arbeiten Tizians in der Manier des Giorgione war.

Zwischen 1506—1508 fallen die Arbeiten Tizians an dem Fondaco de' Tedeschi, die er gleichzeitig mit Giorgione ausführte. Wenn Vasari erzählt, dass Giorgione durch Vermittlung Barbarigo's diesen Auftrag erhielt, so irrt er sich, da A. Barbarigo damals bereits fünf Jahre todt war, — vielleicht förderte Tizian der Einfluss der Familie Barbarigo.

Ridolfi „Meraviglie dell' Arte" I. p. 137, 138 bestreitet zwar im Leben Tizians, das dieser ein Schüler Giorgiones gewesen; aber erzählt doch, weiter eingehend auf die Arbeiten Tizian's am Fondaco de' Tedeschi und insbesonders auf die Erfolge seiner auch von Dolce erwähnten Judith — dass Giorgione, verstimmt über die Erfolge Tizians, diesen grollte, „e che più non volle, che praticasse in casa sua".

Dass es eben bei dieser Arbeit zu einem Bruche zwischen Giorgione und Tizian gekommen sei, geht aus Dolce und Vasari ebenso hervor, wie aus Ridolfi. Tizian ging nun seine eigenen Wege.

Jedenfalls werden wir uns Giorgione älter vorstellen müssen als Tizian, auch wenn wir gewohnt sind, das selbstständige Auftreten von Malern jener Zeit in eine frühere Lebensepoche zu setzen, als es bei den Malern der Gegenwart der Fall war.

Dass auch aus einer Analyse der Werke Giorgione's hervorgeht, Giorgione, gewissermassen als Mittelglied zwischen der alten und neuen Zeit

Verluste für die Kunst. Giulio Romano [1]) war ebenfalls ein grosser Maler, und bewies durch überraschende Wirkung, dass er ein würdiger Schüler Rafaels gewesen; und zwar nicht blos in der Malerei, sondern auch in der Architektur, wodurch er dem Herzog Friedrich von Mantua sehr schätzbar ward. Die Stadt Mantua selbst schmückte er mit vielen, durchgehends belobten Bildern und sehr schönen Bauten. Giulio verfügte über eine glückliche Erfindungsgabe, war ein guter Zeichner und wunderbarer Colorist. Aber sowohl im Colorite, als auch in der Anmuth der Darstellung, wurde er von dem ungemein gefälligen Maler Antonio [2]) da Corregio übertroffen, von dessen

---

Venedigs, der Bellini und Tizian zu betrachten ist, haben auch Crowe und Cavalcaselle (l. c. II. p. 119—169) klar erkannt. Auf diese Werke selbst einzugehen, ist hier nicht der Ort.

[1]) Giulio Romano, aus der Familie Pippi, kam auf Empfehlung des Conte Castiglione im J. 1524 nach Mantua, und wirkte dort als Maler und Architekt in einer Weise, dass der Herzog von Mantua sagen konnte „Giulio Romano ist mehr denn ich Herr in Mantua". Er starb 1546. Er war geboren zu Rom 1492. Nachträglich fügen wir hier eine Bemerkung ein, welche die Reihenfolge der auch mit Tizian in Verbindung gewesenen Herzöge anlangt.

Während Tizians Lebzeit gab es folgende Fürsten von Mantua:

1. Francesco Markgraf von Mantua, geb. 1466, gest. 1519; vermält mit Isabella von Ferrara, Tochter des Herzogs Herkules I. Isabella starb als Witwe 1539. Sie war 1474 geboren, eine der gefeiertsten Fürstinnen ihrer Zeit, und von Tizian porträtirt.

2. Federigo II., regierte seit 1519, erster Herzog von Mantua, starb 1540. Seine Gemalin Margaretha von Montferrat starb 1565. Federigo lernte Tizian 1528 bei der Krönung Karl V. in Bologna kennen, lud ihn nach Mantua ein, wo sich Tizian 1532 aufhielt.

3. Francesco III., Herzog von Mantua, geb. 1533, regierte 1544—1550; seine Gemalin Katharina war eine Tochter Kaiser Ferdinand des I.

[2]) Antonio Allegri, geb. zu Corregio, einem Städtchen zwischen Modena und Reggio um 1494, starb zu Parma am 5. März 1534. Was Lod. Dolce über ihn schreibt, hat wenig Gewicht, da, wie J. Meyer richtig bemerkt, Dolce den Correggio und seine Werke nicht gekannt, sondern das, was er berichtet, aus Vasari zusammengelesen hat. S. J. Meyer's Correggio. Leipzig, Engelmann. 1870. S. 11.

Hand man in Parma einige Arbeiten sieht, die so ausserordentlich schön sind, dass es scheint, etwas noch Höheres lasse sich kaum von Sterblichen wünschen. Wahr ist übrigens, dass er weit mehr im Colorite, als in der Zeichnung reussirte. Was aber sollte ich über Francesco Parmigiano [1]) sagen, welcher seinen Arbeiten einen gewissen Hauch von Grazie zu verleihen wusste, der jeden Beschauer rühren muss? nebstbei wird man über sein treffliches Colorit, seine zarte exacte Führung der Zeichnung immer wieder staunen müssen, da aus Allem eine wunderbare Correctheit spricht. Er starb ebenfalls jung, und war den Werken und dem Namen Rafaels ungemein gewogen. In Rom pflegte man zu sagen, wie auch Vasari schreibt, dass in seinen Körper Rafaels Seele gedrungen wäre, so fand man Beide an Geistesrichtung und Sitten einander ähnlich. Mit Unrecht beschuldigte man Parmigiano, sich dem Aufsuchen des Steines der Weisen hingegeben zu haben; kein Philosoph hat je das Geld und die Glücksgüter mehr verachtet, als eben er. Das bestätigt, ausser vielen Anderen, auch Battista von Parma, sein Schüler und vorzüglicher Bildhauer. Heute ist es Girolamo Mazzola, ein Neffe des Parmigiano, der ehrenvoll und erfolgreich seinen Spuren folgt [2]).

Fab. Dieser Parmigiano, den man für gewöhnlich Parmigianino nennt, erfreut sich allerdings eines grossen Rufes.

Aret. Polidoro da Caravaggio [3]) muss gleichfalls als ein

---

[1]) Francesco Mazzola (Mazzuoli) gen. Parmigianino, geb. zu Parma 1504, starb am 24. Aug. 1540. Im J. 1530 malte er das Bildniss Karl V., womit er viel Beifall errang. (S. Vasari IX. p. 129.) Er stund mit Pietro Aretino und Vasari in Verbindung. — Ueber die alchimistischen Neigungen Parmegianino's berichtet auch Armenini. (Trattato della pittura ed. Ticozzi. Milano 1820. p. 11, Vasari l. c. p. 152 n. 1.)

[2]) Girolamo Mazzola, wird bei Vasari weiter nicht erwähnt. Sein Name ist Girolamo di Michele de' Bedoli, und war vermält mit Elena, der Tochter des Pierilario Mazzola (gest. 1527), des Onkels des Parmeggianino.

[3]) Caldara Polidor da Carravaggio, geb. um 1495, gest. 1543. Als Karl V. Messina auf seiner Rückkehr aus Tunis berührte, machte Polidor

seltener, grosser Maler, als ein gewandter Zeichenkünstler, reich an Erfindung und wohlerfahren, und als ein vortrefflicher Nachahmer der Antike bezeichnet werden. Wahr ist's, dass er in der Farbe nicht reussirte, und dass seine besten Arbeiten die nur hell-dunkel gehaltenen Fresco's sind. Was aber an ihm überraschend erscheint, das ist der Umstand, dass er schon 21 oder 22 Jahre zählte, als er unter Rafaels Leitung das Malen zu lernen begann. Auch er starb in jungen Jahren, und ward zu Messina, wegen einiger Geldmünzen, von seinem verruchten Diener grausam ermordet, der hierauf zur Strafe in der nämlichen Stadt geviertheilt wurde.

Fab. Immer mehr sehe ich ein, dass Michel Angelo in der Malerei nicht einzig dasteht.

Aret. Andrea del Sarto[1]) erreichte gleichfalls einen hohen Grad der Vollendung in dieser Kunst; seine Arbeiten gefielen ganz besonders dem König Franz I. von Frankreich. Auch Perino del Vega verdient kein geringes Lob, sowie den Malern die Werke des Antonio da Pordenone[2]) nicht wenig Achtung

---

die Triumphbogen, und fand viel Anerkennung damit. Ueber seine Ermordung berichtet auch Vasari (IX. p. 64).

[1]) Andrea Vannucchi, gen. del Sarto, geb. zu Florenz 1488, gest. zu Florenz 1530. Er trat 1518 in die Dienste Franz I., kehrte aber bald wieder nach Italien zurück. — Pierino Buonacorsi, gen. Perino del Vaga, geb. 1500 zu Florenz, trat in Rom in die Schule Rafael's, und starb daselbst 1547.

[2]) Pordenone's Fresken am Hause Talenti existiren nicht mehr; wohl aber die Bilder in der Kirche S. Rocco. Sie sind meist vom J. 1528. Vasari (IX. 36.) beschreibt die Fresken, doch verwechselt er die Tintoretto's mit denen Pordenone's.

Dass Pordenone, ein selbständiger Künstler, neben Giorgione und Tizian der hervorragendste Freskenmaler der venetianischen Schule war, erleidet wohl kaum einen Zweifel. Geboren 1483 zu Pordenone, der Sohn des Baumeisters Agnolo di Bartolomeo de' Carticellis aus Brescia, arbeitete an verschiedenen Orten in Friaul, in Treviso und kam erst 1528 zu einem längeren Aufenthalte nach Venedig. Von 1529—1532 war er in Piacenza und Genua, und 1533 in Conegliano und einigen kleineren Orten Friauls thätig. 1535 treffen

einflössen, der ein gewandter und kühner Meister war, der sich mit Vorliebe in Kürzungen und in der Darstellung des Furchtbaren gefiel. In Venedig sieht man einige seiner Fresco-Malereien, die sehr schön sind: wie beispielsweise an der Façade des Hauses Talenti einen in bewunderungswürdiger Kürzung ausgeführten Mercur; ein Schlachtbild, ein Pferd — durchgehends sehr estimirte Arbeiten — und eine Proserpina in den Armen Plutos, die eine ungemein reizende Figur ist. Ein anderes Bild, das ihm grossen Ruf verschaffte, befindet sich in der Hauptcapelle der Kirche vom heiligen Rochus, und stellt Gott Vater, umgeben von einigen Engeln im Himmel, nebst verschiedenen Evangelisten und Doctoren, dar. Er muss jedenfalls nicht ohne Bedeutung gewesen sein, nachdem er mit unserem Tiziano zu concurriren hatte, von dem er jedoch immer weit zurückblieb. Kein Wunder übrigens, da sich in Tizian allein, mit Erlaubniss der übrigen Maler sei es gesagt, all' jene Vorzüge in hoher Vollendung vereinigt vorfinden, die man sonst unter vielen Anderen zerstreut einzeln begegnet. Niemand hat ihn jemals in der Erfindung und Zeichnung übertroffen, und im Colorite hat er nie seinesgleichen gefunden.

---

wir wieder Pordenone in Venedig. Die Decke des Saales de Pregadi brachte er vor März 1538 fertig, welche später eine Feuersbrunst zerstörte. In diese Zeit fällt die Rivalität zwischen Tizian und Pordenone. Tizian, der mit dem Gemälde, das er seit dem Tode Giov. Bellini's für den grossen Rathssaal malen sollte, nicht fertig machen konnte und wollte, erhielt in dem grossen Freskenmaler Pordenone einen mächtigen Concurrenten. Am 23. Juni 1537 wurde Tizian seiner Stelle im Salzamte enthoben, und ihm verboten, sein unfertiges Bild zu vollenden. Am 22. Nov. 1538 bekam Pordenone den Auftrag, ein Bild für denselben Saal zu malen. 1538 starb Pordenone in Ferrara, wohin er sich begab, um im Auftrage des Herzogs ein Bild zu malen.

Pordenone nannte sich gewöhnlich Giovanni Antonio Sacchiensis; aber auch andere Bezeichnungen kommen vor. Er war zweimal vermält; 1504 mit Anastasia, der Tochter des Maestro Stefano aus Belluno, und 1513 mit Elisabetta Qualiata, S. Maniago Belle Arti Friul. 2, ed A. Crowe et Cavalcaselle l. c. II. p. 238—293.

Ja, nur Tizian allein gebührt der Ruhm eines wahrhaft vollendeten Colorits; ein Ruhm, der selbst im Alterthume keinem Einzigen erreichbar ward, der aber ganz sicher allen Neueren mehr oder weniger abgesprochen werden muss. Denn er allein geht, wie ich schon bemerkte, gleichen Schritt mit der Natur, so dass jede seiner Gestalten voll Bewegung, lebenstreu und förmlich greifbar ist. Tizian bietet in seinen Schöpfungen keine überflüssigen Kunststücke, wohl aber eine entsprechende Charakteristik der Farbentöne; keine affectirten Ausschmückungen, wohl aber die Würde eines Meisters; keine Härte, wohl aber das Zarte und Weiche der Natur. In seinen Werken kämpfen und scherzen die Lichter stets mit den Schatten, und sie nehmen ab und verlieren sich genau in derselben Weise, wie dies in der Natur selbst der Fall zu sein pflegt[1]).

Fab. Dasselbe höre ich auch von allen Seiten wiederholen.

Aret. Es ist auch ganz ersichtlich, dass ihn die Natur selbst zum Maler gemacht hat. Geboren zu Cadore von sehr

---

[1]) In ähnlich begeisterter Weise spricht sich über Tizian als Coloristen auch G. P. Lomazzo in der „Idea del Tempio della Pittura" 2. Edit. Bologna p. 44 aus. „Ma fra tutti risplende come Sole fra picciole Stelle Tiziano, non solo fra gl'Italiani, ma fra tutti i pittori del mondo, tanto nelle Figure, quanto nei paesi, agguagliandosi ad Apelle, il quale fu il primo inventore dei tuoni, delle pioggie, dei venti, del Sole, dei folgori, e delle tempeste. E specialmente esso Tiziano ha colorito con vaghissima maniera i monti, i piani, gli arbori, i boschi, le ombre, le luci, e le inondazioni del mare, e dei fiumi, i terremoti, i sassi, gli animali, e tutto il resto che appartiene ai paesi. E nelle carni ha avuto tanto venustà, e grazia con quelle sue mischie, e tinte, che paiono vere e vive, e principalmente le grassezze, e le tenerezze, che naturalmente in lui si vedono, la medesima felicità ha dimostrato nel dar i colori ai panni de seta, di veluto, e di broccato, alle corrazze diverse, agli elmi, agli scudi, ed ai giocchi, e ad altre simili cose, coi lume così fieri, che la verità li resta di sotto, alle berre, ai fudori d'uomini, e donne vecchie, e giovani e agli effetti particolarmente d'allegrezza, come si vede nella sua Venere, ed Adone, e nella Danae, che riceve l'oro dal Cielo, e finalmente tutte le cose con tanta naturalezza che non è possibile che più si possa aspettar da mano et arte umana."

ehrenwerthen Eltern[1]), ward er, als erst neunjähriger Knabe, vom seinem Vater zu einem Bruder nach Venedig geschickt, welcher hier eines jener nur einheimischen Bürgern vorbehaltenen Aemter inne hatte. Dieser sollte den Knaben in der Malerkunst unterrichten lassen, da man in ihm, trotz des zarten Alters, ein glänzendes Talent für dieselbe erkannt hatte. Fab. Es freut mich ungemein einige Details über diesen ausserordentlichen Maler zu vernehmen.

Aret. Der Onkel führte nun den Knaben sogleich zu Sebastiano, Vater des geschmackvollen Valerio, und des Francesco Zuccati, der einzigen Meister im Mosaikfache, welche diese Kunst zu der heutigen Vollendung, die selbst die Schönheit der besten Malerwerke erreicht, gebracht haben, und bat ihn, dem Kleinen die Anfangsgründe der Kunst beizubringen. Sebastiano trat den Knaben an Gentile Bellino[2]) ab, der ein minder begabter Bruder des Giovanni Bellino war, und der mit diesem soeben im Saale des grossen Rathes arbeitete. Aber Tizian, von der Natur zu einem höheren Ideenschwunge und zur Vollendung selbst in der Kunst gedrängt, konnte sich nicht dazu verstehen, Gentile's trockene und mühselige Manier zu befolgen; er zeichnete im Gegentheile mit grosser Gewandtheit und Kraft. Da belehrte ihn Gentile, dass er in der Malerei nicht weiter kommen würde, nachdem er sich von seiner eigenen Manier so sehr entferne. So verliess Tizian diesen schwer-

---

[1]) Es ist wohl nicht nöthig, auf die Bedeutung dessen, was hier Dolce über Tizian schrieb, aufmerksam zu machen; er schrieb gewissermassen unter den Augen Tizians. Geboren 1477 in Cadore, wurde er von seinem Vater 1486 zu seinem Onkel Antonio geschickt.

Die Zuccatis, zu welchen Tizian zuerst in die Lehre trat, waren aus Ponte in Valtellina. Sebastiano Zuccati war Maler, seine Söhne Valerio und Francesco Musaicisten. Ihre hervorragenden Arbeiten an der Façade der Markuskirche sind datirt, u. z. vom J. 1545. S. Zanetti „Delle pittura Veneziae". Venezia 1571. p. 571.

[2]) Gentile Bellini, jüngerer Bruder des Giovanni, geb. 1421, gest. 1507.

fälligen Gentile, um sich dafür dem Giovanni Bellino mehr zu nähern, der ihn aber auch nicht vollständig befriedigte, so dass er sich dann Giorgio da Castelfranco wählte. In Gemeinschaft nun mit Giorgione (denn so ward Giorgio da Castelfranco auch genannt) zeichnend und malend, errang Tizian gar bald einen so gefeierten Namen in der Kunst, dass, als Giorgione die Arbeiten an der dem Canal grande zu gelegenen Façade des Magazins, genannt „Fondaco de' Tedeschi" aufnahm, Tizian, wie ich schon erzählte, obwohl damals kaum erst 20 Jahre alt, die andere der Merceria zugewendete Seite des Gebäudes zur Ausmalung zugewiesen erhielt. Er malte dort eine wundervolle Judith [1]), die in Zeichnung und Colorit so über allen Ausdruck vorzüglich ist, dass, als sie enthüllt ward, alle Freunde des Giorgione selbe durchgehends für sein Werk hielten, und sich beeilten, ihm über diese Arbeit, als über das weitaus Beste, was er je geleistet, ihre Complimente und Glückwünsche darzubringen. Zu seinem grossen Verdrusse antwortete ihnen Giorgione, dass sie von der Hand seines Schülers stamme, der bereits zeige, dass er den Lehrer übertreffe, und hielt sich hierauf — was das Schlimmste ist — einige Tage wie ein Verzweifelter zu Hause, untröstlich darüber, dass ein gar so junger Mann schon mehr wisse als er selbst.

Fab. Man erzählt mir, Giorgione habe gesagt, Tizian sei schon im Mutterschoosse ein Maler gewesen.

Aret. Kurz darauf ward er mit der Ausführung eines grossen Bildes für den Hochaltar der Minoritenbrüder-Kirche, genannt „dei Frari", in Venedig beauftragt [2]). Noch immer sehr

---

[1]) Tizian's Judith beschreibt Ridolfi Le Maraviglie dell' Arte Venezia. 1648. I. p. 138. „Sehr stolz ist die Figur der Judith oberhalb des Eingangsthores. Sie setzt den linken Fuss auf den abgehauenen Kopf des Holofernes, das bluttriefende Schwert in der Hand; zu den Füssen ist ein Diener mit einem Barettone am Haupte, von reizendem Colorite. Vasari irrt auch diesmal, wenn er diese Figur dem Giorgione zuschreibt."

[1]) Die Assunta Tizian's wird gewöhnlich in das J. 1516 gesetzt.

jung malte er da in Oel die heilige Jungfrau, welche inmitten einer Menge Engel, die sie begleiten, zum Himmel fährt, und brachte ober ihr Gott Vater, umgeben von zwei Engeln, an. Es macht ganz den Eindruck, als ob sie wirklich emporstiege, und während ihre Kleider sich anmuthig in der Luft bewegen, ist das Antlitz voll inniger Demuth. Unten befinden sich die Aposteln, welche in verschiedenen Stellungen Freude und Ueberraschung ausdrücken, und der Mehrzahl nach die natürliche Grösse überragen. Es bleibt ausgemacht, dass man in diesem Gemälde die Grösse und des Gewaltige des Michel Angelo, das Zarte und Anmuthige Rafaels und das echte Colorit der Natur findet. Das war das erste Bild, das er in Oel malte; er führte es in äusserst kurzer Zeit aus, und war, wie schon erwähnt, noch sehr jung. Aber die alltäglichen Maler, und das unwissende Volk, welche bis dahin nichts anderes, als die leblosen und kalten Arbeiten des Giovanni Bellino, des Gentile und des Vivarini gesehen hatten (da Giorgione noch kein öffentliches Oelbild, und höchstens einzelne Halbfiguren und Porträts gemacht hatte, die ohne Bewegung und Relief waren), sagten dem Bilde Tizians alles erdenkliche Schlechte nach. Als jedoch der Neid sich gelegt, und die Wahrheit ihnen nach und nach die Augen geöffnet hatte, da begann man in Venedig, die neue von Tizian eingeführte Richtung zu bewundern, und von da an verlegten sich alle Maler darauf, dieselbe nachzuahmen; geriethen aber, da sie nicht auf der Höhe standen, auf allerlei

---

und zwar nach einer Bezeichnung, die auf der reichen Umrahmung des Altarbildes, wie Padre della Valle berichtet, sich befand. Dolce hält das Bild offenbar jünger, und es bleibt noch zu untersuchen, ob sich doch nicht die Jahreszahl auf die Prachtumrahmung und nicht auf das Gemälde bezöge. S. wegen der sich auf dieses Bild beziehenden Anekdoten Ridolfi l. c. 146. Die Mönche fanden den Preis zu theuer; dass das Bild gewaltiges Aufsehen in Künstlerkreisen erregte, ist leicht zu begreifen. Heutigen Tages ist das Gemälde in der Gallerie der Akademie zu Venedig.

Irrwege. Jedenfalls grenzt es an das Wunderbare, dass Tizian, ohne noch die Antiken zu Rom, welche allen grossen Malern zum Leitstern dienten, gesehen zu haben, blos durch den kleinen Funken, den er in den Werken des Giorgione entdeckt hatte, das Geheimniss der Kunstvollendung erkannte und beherrschte.

Fab. Ein altes Sprichwort der Griechen besagt, dass es nicht Allen gegeben ist, nach Korinth zu gelangen, und Ihr selbst habt bemerkt, dass es nur Weniger Sache gut zu malen.

Aret. Tizian hatte indessen einen so hohen Grad des Ruhmes erstiegen, dass es in Venedig kaum einen Edelmann gab, der nicht darnach trachtete, ein Porträt, oder irgend etwas Anderes, von seiner Hand, zu besitzen. Man trug ihm auch verschiedene Werke für mehrere Kirchen auf. So liessen ihn die hochedlen Mitglieder des Hauses Pesaro[1]) ein Oelbild für denjenigen Altar in der schon genannten Kirche „dei Frari" anfertigen, bei welchem sich ein Weihwasserkessel mit einer kleinen Marmorfigur des heiligen Johannes Baptist von Sansovino befindet. Tizian stellte in diesem Bilde die heilige Jungfrau, sitzend mit dem Jesuskinde dar, welch' Letzteres ein Bein anmuthig in die Höhe hebt, wobei es den andern Fuss auf eine der Hände der heiligen Jungfrau stützt. Letzterer gegenüber befindet sich ein heiliger Petrus, ehrwürdigen Aussehens, der sich zu ihr wendet und die eine Hand auf ein offenes Buch legt, das er in der andern hält, während die Schlüssel zu seinen Füssen sich befinden. Es sind da noch: ein heiliger Franciscus, ein bewaffneter Mann, der ein Banner

---

[1]) Die **Madonna der Familie Pesaro** in der Kirche de' Frari ist noch gegenwärtig daselbst. Sie ist gemalt 1519 für den Bischof Jacopo Pesaro. Nach einem Documente, das sich in dem Familienarchive der Pesaro's befindet, erhielt Tizian 96 Dukaten für die Malerei, 6 für die Leinwand. Dass auf dem Gemälde, ausser der Madonna und einigen Heiligen, auch einige Porträtfiguren der Familie sich befinden, ist bekannt. S. Vasari XIII. p. 26. n. 1.

trägt, und einige andere Porträts aus der Pesaro-Familie an gebracht, die alle lebenswahr aussehen. Im Kloster der Kirche des heiligen Nicolaus[1]) malte er beim grossen Altare ein Bild dieses Heiligen, als Hauptfigur, angethan mit einem goldenen Pluvial, bei welchem man die Metallglätte und den Glanz des Goldes, das in Wirklichkeit gewebt zu sein scheint, sieht. Auf der einen Seite ist in ungemein anmuthiger Stellung eine heilige Katharina angebracht, die in den Zügen und in der ganzen Haltung etwas Himmlisches an sich hat. Auf der anderen Seite befindet sich, nackt und sehr hübsch geformt, ein heiliger Sebastian von einem so natürlichen Fleischtone, dass die Figur mehr lebendig als gemalt aussieht. Als Pordenone kam, diesen Sebastian zu besichtigen, rief er aus: ich glaube, dass bei diesem nackten Körper Tizian, anstatt der Farben, Fleisch verwendet habe. Etwas mehr im Hintergrunde bemerkt man noch andere herrliche Figuren, die durchgehends im Anblicke der heiligen Jungfrau, welche in der Höhe, von Engeln umgeben, dargestellt ist, versunken scheinen. Jede dieser Figuren athmet Keuschheit und frommen Sinn, während der Kopf des heiligen Nicolaus in Warheit bewunderungswürdig und voll unendlicher Majestät ist.

---

[1]) Ueber dieses Gemälde berichtet ausserdem Vasari (XIII. p. 41. n. 1) und Ridolfi (l. c. 155). Vasari spricht von diesem Gemälde (tavoletta) betreffs des S. Niccoló darauf „che par vivo"; es sei bestellt worden durch einen Advokaten Niccoló Crasso; Ridolfi sagt, Tizian habe den Kopf des Heiligen gemalt „gentilmente" wie den Laokoons-Kopf. Das Gemälde wird gewöhnlich in d. J. 1563 gesetzt, und zwar nach einer von Cicogna (Iscrizioni Veneziani. IV. 162) mitgetheilten Nachricht, dass der Altar im J. 1563 fertig wurde. Da aber das Buch Dolce's schon im J. 1557 gedruckt wurde, so geht daraus hervor, dass die von Cicogna gebrachte Nachricht nicht vom Gemälde Tizian's, sondern nur von dem Altare als solchem seine Geltung haben kann. Das Gemälde der Chiesetta existirt aber nicht mehr in Venedig, sondern ist in der Gemäldesammlung des Vaticans, für welche sie von Clemens XIV. erworben wurde.

Fab. Ich habe oft alle diese Werke, die wirklich göttlich schön sind, gesehen, und gestehe, dass sie nur von den Händen Tizians geschaffen werden konnten.

Aret. In der Kirche von Santa Maria Maggiore [1]) machte er ein kleines Bild, welches den heiligen Johann Baptist in der Wüste darstellt. Man kann wohl behaupten, dass noch nie etwas in Zeichnung und Colorit Besseres und Meisterhafteres gesehen worden sei. Die Kirche der heiligen Johann und Paul besitzt von ihm ein Bild, das den heiligen Petrus, den Märtyrer darstellt, wie er vom Mörder zu Boden geworfen ward, der nun die Hand zum Todschlage über ihn erhebt, während indessen ein geistlicher Bruder die Flucht ergreift. In der Luft sind einige kleine Engel sichtbar, die, den Märtyrerkranz tragend, herabsteigen. Auch eine Waldlandschaft mit Hollundergesträuchen ist da; das Alles derart vollendet ausgeführt, dass man den Künstler wohl beneiden, aber nicht imitiren kann. Der Klosterbruder zeigt bei seiner Flucht ein Antlitz voll Erschrockenheit, und fast glauben wir ihn schreien zu hören; seine Bewegung ist heftig, wie sich das bei Jemanden, der grosse Angst hat, von selbst versteht; ausserdem ist seine Gewandung in einer Weise ausgeführt, wie dies früher noch nie gesehen worden war. Petrus, über dessen Gesicht jene Blässe ausgebreitet ist, die bei Menschen, welche dem Tode entgegengehen, naturgemäss erscheint, streckt einen Arm und dazu eine Hand aus, die so schön ist, dass man mit Recht sagen darf: hier sei selbst die Natur von der Kunst übertroffen worden. Ueber die weiteren Vorzüge der Erfindung, der Zeichnung und des Colorites, will ich mich hier nicht eingehender aussprechen,

---

[1]) Das Gemälde Tizian's „Johannes in der Wüste" befindet sich in der Gemaldegallerie der Akademie in Venedig; die Kirche S. Maria M. ist seit langerer Zeit aufgehoben.

weil dieselben Euch, so gut wie der ganzen Welt, bereits bekannt sind. Tizian, dem indessen, obwohl noch immer sehr jung, vom Senate eine anständige Provision zuerkannt ward, malte in dem wiederholt von mir erwähnten Saale die Episode Friedrich Barbarossa's, da derselbe den Fuss des Papstes küsst, und an der anderen Seite ein Schlachtenbild mit verschiedenen Soldaten, Pferden und anderweitigen staunenswerth ausgearbeiteten Gegenständen und Figuren, worunter die Gestalt eines in einen Graben gefallenen Mädchens, welches sich, Rettung suchend, an den Rand hält, und dabei in unendlich natürlicher Weise ein Bein ausstreckt, das von wirklichem Fleische, und nicht gemalt zu sein scheint. Ihr bemerkt wohl, dass ich seine Schöpfungen nur flüchtig berühre, da sonst ein ganzer Tag nöthig wäre, um auch nur die Hauptpartien derselben näher erörtern zu können. Tizian's Ruf blieb indessen nicht blos auf die Grenzen Venedigs beschränkt; derselbe verbreitete sich vielmehr nach allen Seiten hin über ganz Italien, und erweckte den Wunsch vieler Grossen, Arbeiten von ihm zu besitzen: so z. B. bei Alfons, Herzog von Ferrara; Friedrich, Herzog von Mantua; Franz Maria, Herzog von Urbino[1]), und mehreren Anderen. Als dieser Ruf dann auch nach Rom gelangte, fühlte sich Leo X.[2]) bewogen, den Künstler, unter sehr ehrenvollen

[1]) Alfons I. v. Ferrara und Modena, geb. 21. Juli 1476, regierte zwischen 1505—1534. Seine erste Gemalin war Anna, Tochter des Herzogs Galeazzo Maria Sforza; seine zweite Gemalin Lucrezia Borgia, Tochter Pabst Alexander VI. geb. 1501, gest. 1520; seine dritte, die schöne Bürgerstochter von Ferrara Laura Eustochia, gest. 1573, die Aless. Moretto in dem Gemälde der h. Justina am Belvedere in Wien portratirt haben soll. — Das Portrat des Francesco Maria, Herzogs von Urbino und seiner Gemalin Eleonora, malte Tizian um 1537. Dieses Gemälde befindet sich in den Uffizien in Florenz. Francesco Maria, geb. 1491, starb 1538. Seine Gemalin Eleonora, war eine Tochter des Herzogs Francesco von Mantua. Ihr Sohn Giudobaldo regierte von 1538—1574.

[2]) Die ersten Versuche, Tizian nach Rom zu ziehen, fallen in das J. 1515, als er Pietro Bembo's Porträt malte.

Bedingungen an seinen Hof zu berufen, damit Rom, neben den Bildern des Rafael und des Michel Angelo, sich rühmen könne auch etwas von der göttlichen Hand des Tizians zu haben. Der grosse Navagero aber, der ein ebenso bedeutender Kunstkenner war, als er in der Poesie, besonders in der lateinischen excellirte, und der wohl voraussah, dass, wenn Tizian ginge, Venedig fast seines werthvollsten Schmuckes beraubt werden würde, brachte es dahin, dass derselbe diese Einladung nicht annahm. Sein Ruhm drang hierauf bis nach Frankreich, von wo aus König Franz I.[1]) sich beeilte, ihm die verlockendsten Anträge, damit er zu ihm komme, machen zu lassen. Aber Tizian war nie zu bewegen, Venedig, wo er als kleiner Knabe einzog, und das er sich als zweite Heimath erkoren hatte, zu verlassen. Von den Werbungen Karl V. habe ich Euch schon erzählt; so dass es wohl kaum je einen Maler gegeben haben dürfte, der von Fürsten mehr als Tizian geachtet worden wäre. Ihr seht, welche Macht einem hohen Verdienste innewohnt.

Fab. Sage man, was man wolle. Das Verdienst kann nicht verborgen bleiben, und jeder tüchtige Mensch, der klug vorgeht, ist der Schmied seines Glückes.

Aret. Allerdings, lieber Fabrini, kann man behaupten, dass noch Niemand der Malerei so viel Werth beilegte, wie Tizian, der das eigene Verdienst wohl kennend, seine Arbeiten immer sehr hoch im Preise hielt, und seine Zeit nur auf Bilder für grosse Herren und für solche Leute verwendete, welche im Stande wären, dieselben auch glänzend zu bezahlen. Es

---

[1]) Ueber die Beziehungen Tizian's zu Franz I. siehe Vasari XIII. p. 27. n. 3. Vasari erzählt, Tizian habe das Porträt des Königs gemalt, als dieser sich anschickte, Italien zu verlassen. Franz I. war zweimal in Italien, einmal 1515, wo er 21 Jahre alt, eine Unterredung mit Leo X. in Bologna hatte; ein zweitesmal 1525. Das Porträt Franz I. im Louvre scheint um 1530 gemalt zu sein. Von einer Berufung Tizian's nach Frankreich ist ihm Vasari keine Erwähnung gemacht.

würde zu weit führen, die von ihm verfertigten Porträts, die übrigens alle so vollendet sind, dass das Leben selbst nicht lebendiger sein kann, hier aufzuzählen; sie stellen durchgehends Könige, Kaiser, Päpste, Prinzen und andere hohe Persönlichkeiten dar. Niemals kamen Cardinäle oder andere Grössen, nach Venedig, ohne dass sie Tizian aufgesucht hätten, um seine Werke zu sehen, und sich von seiner Hand malen zu lassen. Es würde noch eine geraume Zeit in Anspruch nehmen, wollte man von den Bildern sprechen, die sich in den Gemächern des Collegiums befinden, oder von jenen so zahlreichen, die für den Kaiser, sowie für den König von England ausführte; wie beispielsweise vom Bilde der Dreifaltigkeit, der weinenden Madonna, des Titius, des Tantalus, des Sysiphus, der Andromache, des Adonis (von welchem nächstens ein Kupferstich erscheinen wird) und anderer Historien und Fabeln, die durchaus in Zeichnung, Colorit und Erfindung Meisterwerke sind. Doch ich halte mit seinem Lobe zurück, einerseits weil er mein Freund und Vetter ist, anderseits weil man absolut blind sein müsste, um die Sonne nicht selbst zu sehen. Dennoch will ich noch das Eine nicht verschweigen, dass Tizian in Mantua für den Herzog Friedrich die zwölf Cäsaren, theils nach Medaillen [1]), theils nach alten Marmorbildern, malte, und auch diese Arbeit in so unerreichbarer Weise vollbrachte, dass zahllose Menschen, blos um dieselben zu besichtigen, nach jener Stadt sich begeben, um dann zu gestehen, sie seien der Meinung gewesen, viel eher die wahren Cäsaren selbst, als deren Bildnisse, zu erblicken.

Fab. Auch mir ist es bekannt, dass nur sehr wenige ge-

---

[1]) Die Medaillons der zwölf ersten römischen Kaiser gingen in den Besitz König Karl I. über, in dessen Gallerie sich an fünfzig Originalgemälde Tizians befinden. Die Medaillons wurden in Mantua um 1200 Pfd. gekauft. Nach dem Tode des Königs wurden auch diese Medaillons einzeln verkauft, und gingen in verschiedene Hande über.

wöhnliche Menschen sich rühmen können, irgend welche Arbeit von seiner Hand zu besitzen.

Aret. Unser Tizian ist also in der Malerei ohne Rivalen, und so zu sagen, ein göttliches Genie. Selbst Apelles dürfte, wenn er noch lebte, nicht glauben, sich Etwas zu vergeben, indem er ihm huldigte. Aber ausser der Vollendung in der Kunst, besitzt er noch andere Eigenschaften, die das höchste Lob verdienen. Er ist vor Allem bescheiden, schimpft nie über andere Maler, und spricht gerne mit Anerkennung über Jeden, der es verdient. Er ist ferner ein gewählter Redner, hat viel Geist, und urtheilt treffend in allen Dingen. Sein Naturel ist sanft, gefällig, liebenswürdig; sein Wesen anmuthsvoll; man braucht nur einmal mit ihm zu sprechen, um ihn für immer lieb zu gewinnen.

Fab. Das Alles ist sehr wahr, und da ich nun glaube, dass Euch nichts mehr übrig bleibt, über diesen Gegenstand zu sagen, so stellen wir als Schlussresultat fest, dass, obwohl es bis jetzt viele vortreffliche Maler gegeben hat, folgende Drei dennoch den ersten Rang verdienen und einnehmen: Rafael, Michel Angelo und Tizian.

Aret. So ist es; aber mit der Unterscheidung, die ich da hervorgehoben habe. Gegenwärtig fürchte ich sehr, dass die Malerkunst wieder auf Irrwege gehe: denn Keinen unter den heutigen Jüngern sieht man erstehen, der zur Hoffnung berechtigte, dass er zu einem Grade der Vollendung gelangen werde. Jene aber, die etwas Seltenes werden könnten, geben sich, vom Geize beherrscht, wenig oder gar keine Mühe bei ihren Arbeiten. Der Venetianer Battista Franco[1]) thut es immerhin

---

[1]) Der Florentiner Herausgeber Dolce's bemerkt zu dieser Stelle mit Recht: „Indessen, zur Zeit als dieses Buch veröffentlicht, standen in Venedig in der Blüthe ihrer Thätigkeit Tintoretto, Paolo Veronese, Bassano und andere Maler, die wohl mehr genannt zu werden verdient hätten, als dieser Battista Franco, dessen Bilder man kaum kennt." — G. Battista Franco

anders; dieser studirt im Gegentheile mit allem möglichen Eifer das Malen und Zeichnen, um nur Venedig Ehre zu machen, sich selber aber einen unvergänglichen Ruf zu verschaffen. Das stempelt ihn zu einem gefeierten Meister in dem einen, und in dem anderen Fache. Was aber Euch selbst betrifft, so seid bestrebt von nun an, die Voreingenommenheit bei Seite lassend, ein gerechterer Richter zu werden.

---

gen. il Semolei, Maler und Kupferstecher, geb. zu Udine 1510, gest. zu Venedig 1580, ein Manierist aus der Schule M. Angelo's, der die Manieren der Schule M. Angelo's mit der coloristischen Richtung der Venetianer zu vereinigen strebt. A. Bartsch führt in seinem P. G. 108 Blätter auf.

ANHANG.

I.

SCHREIBEN DES LODOVICO DOLCE AN DEN MESSER ALESSANDRO CONTARINI.

(Bei Bottari pag. 377 aus den Lettere di diversi eccelentissimi Uomini etc. Venezia apresso Gabriel Giolito. 1559. 8° a carte 472.)

Wenn ich im Stande wäre, Euch den Adonis von Tizian mit meinen Worten so trefflich zu schildern, wie Ihr vor einigen Tagen mir mit den Eurigen das Gemälde des Rafael von Urbino beschriebet, so würde ich mich unzweifelhaft dem Glauben überlassen, dass Ihr behaupten solltet: es sei niemals, weder durch einen antiken noch durch einen modernen Maler, eine Sache von grösserer Vollkommenheit erfunden worden. Indessen, weil ich es wohl nicht verstehen werde, davon mit dieser Feder ein Bild zu geben, so wird es, falls ich mich nicht täusche, genug sein, in Eurem schönen Geiste ein Wunder von der Art hervorzurufen, wie meine Erzählung es vor einiger Zeit in dem des grossmächtigen Messer Pietro Gradenigo verursachte, nämlich so, dass er die Nacht über im Traume es in unvergleichlicher Herrlichkeit erblickte, tags darauf dann, um seine Augen zu vergewissern, hinging, es zu besehen, und die Wirkung bei weitem über seine Vorstellung, wie über meine flüchtige Schilderung hinausgehend fand.

Es wurde dieser Adonis vor kurzem gefertigt und zwar durch den trefflichen Tizian im Auftrage des Königs von England. Um mit den Formen zu beginnen, so hat er den Körperbau in der Weise erfunden, wie er einem Jüngling von 16 oder 18 Jahren, der wohlgeformt ist, zukommt, lieblich und in jedem seiner Theile leichtbeweglich, mit so gefälliger Farbe des Fleisches, dass es überaus zart und wie mit wirklichem Blut angefüllt erscheint. Man sieht, dass dieser einzige Meister in der Miene des Antlitzes eine gewisse holdselige Schönheit ausdrücken wollte, welche wohl etwas weibliches an sich hat, aber vom männlichen sich dennoch nicht entfernt, das will sagen, dass in seinen Frauen, ich weiss nicht was vom Manne und in den Männern etwas von einem schönen Weibe ist: eine schwierige, liebenswürdige und (wenn wir dem Plinius glauben dürfen,) von Apelles überaus geschätzte Mischung. Was die Stellung anbelangt, so sieht man, dass er sich bewegt und zwar auf leichte Weise, fröhlich und mit Geschicklichkeit, da es scheint, als komme er von der Venus, voll glühendem Verlangen zur Jagd zu ziehen. In der einen Hand hält er den Jägerspiess; um den andern Arm ist auf meisterhafte Weise die Leine der Hunde gebunden, welche zu dreien in verschiedenen Stellungen dargestellt sind, von so schöner Form und so naturwahr gemalt, dass sie zu wittern und zu bellen scheinen, voll Begier, irgend ein Wild anzufallen. Der Jüngling ist mit einem kurzen, bis auf die halben Beine reichenden Gewand bekleidet, hat die Arme nackt, ist mit zwei sehr wahr gemachten engen Stiefeln beschuht, daran einige sehr schöne Schnüre von Perlen befestigt sind, welche funkeln und wie orientalische aussehen. Er wendet sein Antlitz der Venus zu, mit heiteren, lachenden Augen und öffnet lieblich die Lippen, welche wie Rosen oder schier wie Corallen aussehen. Er scheint mit fröhlichem und verliebtem Gekose sie zu mahnen, dass sie ohne Furcht sein möge, daher sich in seinem unbewölkten Blick und der Bewegung des Mundes deutlich die innerste Seelenstimmung offenbart, völlig so gut als Worte es können. Auch weiss man sich nicht zu entscheiden, welcher Theil an ihm am schönsten sei, indem ein jeder insbesondere, sowie alle zusammen die Vollendung der Kunst enthalten; das Colorit wetteifert mit der Zeichnung, die Zeichnung mit dem Colorite. Wer aber im Colorit mangelhaft ist, der möge sich keinen Maler nennen, denn es genügt nicht, den Figuren durch ausgezeichnete Zeichnung Form zu verleihen, wenn dann die Töne der Farben, welche das Fleisch nachahmen sollen, etwas porphyrenes und erdiges haben und jener Verschmelzung, Zartheit und des Lebens entbehren, wie die Natur es an den Körpern zu machen weiss. Darum liest man in den Geschichten der antiken Maler, dass einige von ihnen die Vögel, andere die Pferde täuschten. Ihr wisset aber dass, ebenso wie dem Tizian an Trefflichkeit der Zeichnung Niemand überlegen ist, man der sichern Meinung ist, dass bezüglich des Colorites desgleichen Keiner ihn erreichte.

Doch wir gelangen zur Venus. An dieser gewahrt man einen überirdischen Geschmack, denn er hat in ihr eine Göttin gemalt, die sich dem Geiste in aussergewöhnlicher Schönheit darstellt, kurz, um mit Einem Worte es zu bezeichnen, eine Schönheit, wie sie der Venus zukommt, auf dass sie Derjenigen gleicht, welche auf dem Ida den goldenen Apfel verdienen würde. Da gibt es zahlreiche Dinge zu nennen, die alle wunderbar und himmlisch sind; ich aber erdreiste mich nicht, dieselben mir nur vorzustellen, geschweige zu beschreiben. Venus ist vom Beschauer abgewendet, nicht durch einen Fehler in der Kunst, wie es sonst ein Maler gemacht haben würde, sondern um doppelte Kunst zu beweisen. Indem sie nämlich das Angesicht nach dem Adonis hinkehrt, sich anstrengt, ihn mit beiden Armen zurückzuhalten, halbsitzend auf einem weichen dunkelvioletten Tuche, zeigt sie durchaus süsse und lebhafte Empfindungen, so zwar, dass man dieselben anders nicht als an ihr eben wahrnehmen kann. Hiebei ist auch die Gewissenhaftigkeit dieses göttlichen Meisters zu bewundern, in Folge deren man an dem unteren Theile die Zusammenquetschung des Fleisches, welche durch das Sitzen verursacht ist, erkennen kann. Aber man muss der Wahrheit gemäss sagen, dass hier alle Schuld, die der Pinsel hat, nur diejenige ist, welche die Natur mit ihren Händen zu verursachen pflegt. Der Ausdruck ferner ist von der Art mit den

Anzeichen der Furcht, die sie in ihrem Herzen über das unselige Ende des Jünglings vorausempfindet, dass man glauben muss, so müsse er gewesen sein, wenn jemals Venus denselben zeigte. Und wenn die Venus, die dem Meere entsteigt, welche von Apelles gemalt und von den alten Dichtern und Schriftstellern mit soviel Ruhm erhoben wurde, nur die Hälfte der Schönheit besessen hat, welche man an dieser wahrnimmt, so war sie solchen Lobes nicht unwürdig. Ich schwöre Euch, mein Herr, dass es keinen Menschen von so scharfen Blicken und Geschmacke gibt, der bei ihrem Anblicke sie nicht für lebendig hielte; keinen, welcher von den Jahren so kalt geworden oder so harter Natur wäre, dass er nicht alles Blut in den Adern erwärmen und wallen fühlte. Wenn eine Statue von Marmor so mächtige Wirkung haben konnte, dass sie mit den Reizungen ihrer Schönheit in das Mark eines Jünglings eindringen konnte, in Folge dessen er sie verunreinigte, — wie müsste der Einfluss von dieser sein, welche von Fleisch, die Schönheit selbst und zu athmen scheint[1])?

Man sieht ferner auf demselben Gemälde die Skizze von einer Landschaft von der Art, dass die wirkliche nicht von solcher Wahrheit ist. Daselbst ist auf der Spitze eines Hügels in nicht grosser Entfernung ein ganz junger Cupido, im Schatten schlafend, der ihm rückwärts auf den Kopf fällt. Rings um sich hat er Schimmer und Sonnenglanz von wunderbarer Schönheit, welche die ganze Landschaft erleuchten und erhellen.

Aber all' das, was ich mit grosser Mühe gesagt habe, ist nur eine geringe Nachricht im Verhältniss zu der Göttlichkeit dieser Malerei (denn ein anderes Wort ist nicht zulässig). Hier soll es genug sein, dass es von Tizian's Hand und für den König von England ist. Ihr, mein Herr, möget mich zuweilen der liebenswürdigen Früchte Eures edelsten Ingenium's werth halten, welches Ihr, im Vereine mit Euren wissenschaftlichen Kenntnissen, zu einer Zier ausgesuchter und lobwürdiger Tugend verbindet. Möget Ihr wohl sein.

II.

LODOVICO DOLCE AN MESSER GASPERO BALLINI.

(Bei Bottari V. pag. 166 aus den Lettere di diversi eccellentissimi Uomini etc. Venezia, apresso Gabriel Giolito 1559. 8°. a carte 472.)

Zu jeder Zeit, wenn es sich unter uns begibt, dass wir zur Unterhaltung oder sonstigem angenehmen Zeitvertreib von den ausgezeichneten Malern

---

[1]) Es wäre ungerecht, wenn man den Autor allzu rigoristisch über diesen Passus Vorwürfe machen wollte. Derselbe kommt nicht auf seine Rechnung, sondern ist eine antiquarisch-literarische Reminiscenz, welche damals in Folge der classischen Studien so allgemein zur Beurtheilung von Kunstwerken benützt wurde, als die Anecdoten von Apelles und Zeuxis. Sie beruht auf einer Anecdote über eine Venus des Praxiteles, erscheint bereits im Poliphil's Hypnerotomachia (2. Hälfte des 15. Jh.) und ist selbst in Schriften von Ungelehrten übergegangen, wie das Volksbuch vom Zauberer Virgilius u. a.

unserer Tage sprechen, pflege ich zu sagen, dass mir die Arbeiten des Rafael von Urbino weit mehr zusagen, als jene des Michel Angelo. Und dieses aus vielen Ursachen, über welche ich hier einiges aufzuzeichnen gewillt bin. Aber ich werde nicht wagen unter Menschen von Verstand zu behaupten, dass Michel Angelo, soweit es sich um eine gewisse Kühnheit und das Gewaltige in der Zeichnung handelt, nicht zweifellos die Palme über so viele Maler erreicht habe, die seit langer Zeit gelebt haben. Desswegen pries ihn nicht ohne Grund der ruhmwürdige Ariost:

„Michel, più che mortal Angel divino."
(„Michael, ein göttlicher Engel mehr, denn ein Sterblicher.")

Hiezu bemerke ich aber ebenso, dass so, wie man sich für den gefälligen Styl der Schriften und alle Angelegenheiten des Menschen einer gewissen massvollen Weise bedienen muss, und eines gewissen überlegten Geziemens, ohne das jegliche Sache der Grazie entbehrt, und nicht wohl stehen kann, — so auch in der Malerei, nach meinem Urtheil dasselbe nicht weniger verlangt werde. Hat daher der Maler einen Menschen darzustellen, so muss er nothwendigerweise mannigfache Verhältnisse und verschiedene Handlungen von Menschen vereinen, die unter sich keine Aehnlichkeit besitzen. Obwohl es nun viel kunstreicher ist, gewaltige Menschen oder solche vom Körperbau der Riesen zu malen als sanfte und gewöhnlich beschaffene, so folgt daraus doch nicht, dass der Maler, dessen Bestimmung es ist, die Natur nachzuahmen, fortwährend dasjenige darstellte, was die Natur entweder niemals oder doch selten hervorzubringen pflegt. Denn obschon es keine Fabel ist, dass es Giganten gegeben hat, von welchen, ausser Demjenigen, was man davon in den griech. und latein. Geschichten liest, auch die h. Schrift Zeugniss gibt, so waren sie doch nur zu gewissen Zeiten und zwar selten, so wie der h. Augustin schreibt, dass kurz vor dem Einfall der Gothen in Italien, in Rom ein Weib von riesenhafter Grösse gewesen sei und Ursache ward, dass, um sie zu sehen, die Menschen von allen Seiten zusammenliefen, wie zu einer Merkwürdigkeit oder einem Wunder der Natur. Und Dante (Inferno XXXI.) sagt merkwürdigerweise über so beschaffene Menschen mit Abscheu:

„Natura certo, quando lacciò
Di sì fattî animali, assai fé bene,
Per torre tali esecutori a Marte."
„Wenn die Natur nicht mehr nach altem Brauche
Dergleichen Wesen schafft, so thut sie recht,
Damit nicht Mars sie mehr als Schergen brauche."

Dennoch soll der Maler, als Nachahmer und Nebenbuhler der Natur, diejenigen Formen, welche die Natur selbst verachtet, nicht für die schöneren am Menschen halten. Und sowie dem Auge unter den allerschönsten Werken das wertheste und annehmlichste die Mannigfaltigkeit ist, so muss der Maler sich bestreben, in seinen Arbeiten abwechselnd zu sein; ist er das nicht, so vermag er nicht vollends zu erfreuen. Sehet nun, ob dieser Umstand, so nothwendig er ist, sich in den Schöpfungen Michel Angelo's findet, bei welchem alle Figuren, die er macht, gross, schrecklich und ungeheuerlich sind. Ihr werdet sagen, dass die Abwechslung in den Bewegungen liegt, welche alle von einander verschieden sind. Darauf entgegne ich, dass in eben dieser Mannigfaltigkeit sich dieselbe Uebereinstimmung der Verkürzungen, der Kühnheiten und der Muskulatur wiederfinde. Dann scheint es, dass Michel Angelo mit unbegränztem Ruhme über Rafael und die andern Maler alle triumphire, indem er seine Vorzüglichkeit in den grössten Schwierigkeiten der Kunst an den Tag legt. Und wirklich beruhen diese Schwierigkeiten hauptsächlich auf der Darstellung des Nackten und in der Bildung des Verkürzten an den Figuren. Aber es scheint mir, dass man dagegen antworten kann, dass der Mensch nach seiner gewöhnlichen Art, wenn er sich naturgemäss verhält, nicht immer solche Stellungen einnimmt, in Folge welcher der Maler, der ihn abbildet, zu Verkürzungen genöthigt wäre, so dass er also nicht fortwährend diese Skurze in der Malerei emsig zu suchen braucht, und insgleichen auch das Nackte nur selten. Wenn man daher die schwierigen (und, wie diese es sind, seltsam anzuschauenden) Dinge nur bisweilen malt, so wirken sie um so wunderbarer und das Vergnügen daran ist um so grösser. Und dann gelingen nach einem Urtheil die Skurze viel lieblicher, wenn der Maler, gezwungen durch die Beschränktheit des Raumes oder durch die Fülle von Figuren, welche seiner Erfindung dienen, viele Dinge einem kleinen Raume anzupassen versteht, oder, wenn es ihm in ganz schlichter Weise in Folge der dargestellten Bewegungen sich ergibt, einen Arm, ein Bein, Hand oder Fuss oder den Kopf oder sonst ein Glied verkürzt zu zeichnen, wobei er mit Geschmack und Bescheidenheit, zuweilen wohl auch um seine Kunst zu erweisen, vorgeht. Ueberdies wird Niemand im Stande sein, mich auf vernünftige Weise zu dem Glauben zu bringen, dass ohne Aufdecken jener Theile, welche die Natur zu verheimlichen andeutet, das höchste Kunstwerk in der Malerei nicht zu erreichen sei. Und darin eben ist Michel Angelo doch zu stark und ausser allem gestattetem Maasse, um nicht zu sagen unehrbar. Von der Erfindung spreche ich nichts, weil ein allgemeines Urtheil darüber ist, dass er in diesem Theil wenig Erfolg gehabt hatte.

Wenn wir dagegen uns die Schöpfungen Rafaels sorgfältig besehen wollen, so werden wir gewahr, dass er seine Figuren, wie sie eben zum grössern Theile graziös und lieblich sind, auch dann, wenn der Gegenstand schon mehr erheischte, doch nicht schrecklich und wild gemacht hat. Er unterliess auch nicht, Nackte und Verkürzungen darzustellen, nach Ort und Gelegenheit, wobei er immerdar, nicht allein bei heiligen, sondern auch in Profan-Werken, auf das Ehrbare Rücksicht nahm. Und ebenso hat er nach Mannigfaltigkeit gestrebt, indem er Greise, Jünglinge, Kinder, bejahrte und junge Frauen in verschiedenen Stellungen, Eigenheiten, Körperbildungen und Formen in solcher Menge gemalt hat, dass die Natur bei den Dingen der Wirklichkeit sich keiner reicheren Abwechslung zu bedienen scheint. Desgleichen wird man je nach Geschlecht, Alter und Lebensgewohnheit an den Muskeln, Gliedern, Gesichtern und Bewegungen Verschiedenheit gewahr, abgesehen davon, dass der Mannigfaltigkeit der Nationen, Zeiten und Gebräuche zufolge er stets verschiedene Kleider und Trachten desgleichen erfand, an welchen Gewändern es zu verwundern ist, dass an ihnen keinerlei Verwirrung und Verwicklung der Falten, aber auch nicht solche Trockenheit zu sehen, dass dadurch Armuth des Talentes offenbar werden möchte. Und man bemerkt, dass er seinen edeln Geschmack immerdar nach den Bedingnissen und nach der Natur der Stoffe, da es andere Falten sind, welche dem rauhen entsprechen, und andere, welche dem Ormesin[1]). Obgleich ferner das Gewand an manchen Stellen das darunter befindliche Körperliche andeuten soll, so darf man doch nicht in das fehlerhafte Extrem verfallen, dass die Stoffe an das Fleisch angeheftet scheinen. Ich setze hinzu, dass Rafael betreffs der Körperverhältnisse (worin das Ganze der Kunst durchaus beruht) stets ein solches Maass angewendet hat, dass daran nichts zu wünschen überbleibt. Denn er fehlt nie durch allzugrosse Schlankheit, auch sind andrerseits seine Figuren nicht zwergenhaft oder dick oder allzu fleischig; desgleichen haben sie nichts trockenes oder dürftiges, und man gewahrt, was des Malers höchstes Lob ist, an allen die Sorgfalt und Liebe eines Vaters. Alles ist wohl verstanden, alles wohl überlegt und bewegt sich in seinen Grenzen. Nie aber malte er Knall und Fall oder aus der Praxis, sondern immer mit grossem Studium und hat dabei immer zwei Ziele im Auge: erstens, die schöne Manier der antiken Statuen nachzuahmen, zweitens mit der Natur in Wettstreit zu treten, so zwar, dass er beim Betrachten der wirklichen Dinge, von deren schönster Erscheinung in seinen Werken die höchste Vollkommenheit gesammelt zeigte, welche im wirklichen selbst nicht vorkommt. Denn es ertheilt die Natur einem Körper nicht ihre sämmtlichen Schönheiten; sie aus vielen zusammenzunehmen ist schwierig; sie dann zu vereinigen, in Einer Figur, so dass sie nicht unharmonisch scheinen, das ist schier unmöglich. Wir dürfen nun glauben, dass es bei den Alten Phidias, Apelles und die übrigen berühmten Meister vollbracht haben, wie uns an mehreren Stellen Cicero bezeugt. Und wenn Zeuxis zum Entwurfe seiner Helene sich fünf Mädchen bediente, wer zweifelt dann, dass er viele Theile von ausgezeichneter Schönheit hinzufügte, die sich an ihnen nicht gefunden haben?

Aber um auf Rafael zurückzukommen, so sind bei ihm nebst den bisher angeführten Dingen Gemälde selten, auf welchen man nicht ein schönes Bauwerk oder eine perspectivisch gehaltene Partie erblickte, was überaus erfreulich ist. Was die Erfindung anbelangt, so ist sie immer eine solche, dass man glauben muss, die Wirklichkeit hätte den Vorgang nicht besser zur Anschauung gebracht, und auch auf keine andere Weise. Was das Colorit betrifft, so wage ich zu behaupten, dass darin Rafael alle die, welche jemals in Rom und ganz Italien gemalt haben, weit hinter sich liess; davon liefern sicheren Beweis die vielen von ihm gemalten Porträts und alle Malereien von seiner Hand. Wäre aber Jemand, der in anderm Sinne reden würde, so ist es einer, den Neid erfüllt, oder er gehört zu Jenen, welche eine gewisse kindische Buntheit der Farben höher schätzen als Kunst, wie das schon bei Pabst Sixtus der Fall war[2]), welcher mehrere Historien einigen vortrefflichen Meistern aufgetragen hatte, unter denen einer war, der wenig verstand. Als nun die Gemälde fertig waren, hielt er die Arbeit des unwissenden Malers

---

[1]) Ist ein weicher, geflammter Seidenzeug.
[2]) Vasari, im Leben des Cosimo Roselli.

für schöner, weil derselbe, den geringen Geschmack des Pabstes wohl kennend, sein Werk schlauerweise mit den feinsten Azurfarben aufgeziert hatte, viel Gold darüber streute und ferner solche Farben, welche dazu taugen, die Augen zu beschäftigen. Ich behaupte desswegen aber nicht, dass schöne Farben nicht zum Schmuck gereichen, aber wenn der Fall der ist, dass unter dem Colorit und mit demselben zusammen nicht auch Schönheit und Richtigkeit der Zeichnung angetroffen wird, so ist die Mühe eitel; es ist, wie schöne Worte ohne Saft und Mark von Gedanken. Zu diesen gehören meines Erachtens diejenigen, welche den bewundernswerthen Tizian loben wollten, weil er in den Färbungen so trefflich sei. Wenn er kein ander Lob als dieses verdienen würde, so möchten ihn viele Weiber übertreffen, die ohne Frage mit Weiss und Zinnober sich die Gesichter so hübsch färben, dass die Männer, was die Erscheinung der Farben betrifft, nicht unbetrogen bleiben. Wenn sie aber eine lange Nase, einen grossen Mund, die Augen, in denen der Thron der Grazie und Schönheit ist, schielend und übelstehend haben, so vermag es die Bemalung mit jenen Farben nicht zu verhindern, dass ihre Hässlichkeit und Widerlichkeit zum Vorschein käme. Die Lobwürdigkeit der Malerei beruht also vor allem auf der Vertheilung der Formen, in denen das schöne und vollkommene der Natur zu erreichen getrachtet wird. Hierin ist der allertrefflichste Tizian, wie in jedem andern Theile, nicht allein göttlich (in der Weise, wie die Welt von ihm glaubt), sondern der göttlichste und ganz ohne gleichen, denn er vermählt mit der Vollendung der Zeichnung die Lebendigkeit des Colorits in einer Weise, dass seine Arbeiten nicht gemalt, sondern wirklich zu sein scheinen.

Der Maler bedarf noch eines andern Dinges, das nicht minder vonnöthen ist als alle übrigen. Das ist, dass seine Malereien, die er entwirft, die Stimmungen und Leidenschaften des Gemüthes bewegen, so dass die Beschauer fröhlich werden, oder sich betrüben, je nach der Beschaffenheit des Gegenstandes, wie die guten Dichter und Redner es vermögen. Zum Beispiele, dass diese Seite bei den antiken Malern vertreten gewesen, kann die Statue des Laocoon dienen, die im Belvedere zu Rom sich befindet.

Auch ist es nöthig, dass das Fleisch Weichheit und Zartheit besitze, mehr oder weniger, nachdem es die Art der Figur erfordert; dass dem Fleisch einer Frau grössere Weichheit als jenem eines Mannes zukomme; dem eines Jünglings eine grössere als einem Alten, einem Edelmanne als einem Bauern; einem Manne, welcher in Frieden und behaglich zu leben gewohnt ist, mehr als einem Krieger, der die Beschwerden des Waffenhandwerkes kennt, u. dgl. Auch sollen die Tinten nüancirt sein, wie sie die Natur variirt. Denn während ein ganz grelles Weiss niemals gefällt, enthält eine gewisse Mischung zwischen weiss und braun alle Grade der Schönheit, wie man das an der h. Katharina unsres grossen Tizian gewahr wird, die bei den Minderbrüdern in S. Nicolò zu sehen ist. Umgekehrt aber ist die Ueberfülle von Farbentönen, welche heutzutage zum grössten Theil die Maler in ihren Arbeiten erkünsteln, abgesehen davon, dass man daran merkt, sie möchten ihren Figuren so gerne Relief verleihen, und nebstdem, dass sie es zur Ergötzung der Unwissenden thuen, — auch fern von aller Wahrheit. Selten, vielleicht niemals, sieht man ja Leute beisammen, die so nach einer bestimmten Eintheilung aussehen, der eine mit scharlachfarbem Kleide, der andere in gelbem, andere dunkelviolett, diese azurblau und jene kupfergrün.

Diese schöne Manier, diese sorgliche Ueberlegung und diese hochedle Vollkommenheit der Kunst findet man in den Werken Rafael's. Demzufolge ist es kein Wunder, dass er zeitlebens von allen bedeutendern Persönlichkeiten geliebt und geehrt worden ist, gleichwie von allen schönen Talenten, die damals blühten. Und als er starb, blieb in aller Welt sein Ruhm und die Bewunderung, so zwar, dass alle seine Blätter und Zeichnungen geschätzt werden, wie man die Edelsteine und das Gold im Werthe hält.

Dieses sind zum Theil die Gründe, welche nach meinem Ermessen (wie es nun immer sei) Ursache sind, dass die Schöpfungen des Rafael höheres Vergnügen bereiten, als jene des Michel Angelo. Nicht aber dass ich den Michel Angelo unterschätzte, wie bereits bemerkt wurde, denn, abgesehen davon, dass er der erste war, welcher in diesen Tagen der Malerei Licht und Vollkommenheit verliehen hat, so hält man auch dafür, dass er die Sculptur zur Vorzüglichkeit der Antike zurückführte. Ihr werdet mich zwar kühn nennen, dass ich über derlei Dinge so freimüthig spreche, aber wer sich auf solche Gründe stützt, kann nicht irren. Und, umgekehrt, geht eine ungeheure Schaar von Malern in der Irre, welche sie nicht wissen. Und dann: weil sie eine Leinwand ungeschickt beklecksen oder das Holz mit einem Porträt oder verschiedene Figuren voll machen, die mehr nach einer alten Gewohnheit als aus innerm Impuls oder aus Kunst hervorgegangen sind, wollen sie nicht allein für herrliche Meister gelten, sondern den Rafael, Michel Angelo und Tizian überragen; wenn man sie aber nicht schätzt, dann klagen nicht über ihre Unkenntniss, sondern über das Glück. Wie es ebenso bei vielen unsrer Schrifsteller zu gehen pflegt. Bleibet wohlauf und sagt dem begabten Cammiletto: diesem überaus hoffnungsvollen Knaben, welcher sich so sehr abmüht und stets wenig zu wissen glaubt, dass man auf diesem Wege zur erwünschten Vollkommenheit in einer Sache gelange.

III.

DEDICATIONSSCHREIBEN DES LODOVICO DOLCE AN TIZIAN,

gelegentlich der Uebersendung seiner Paraphrase der 6. Satyre des Iuvenal.
(Venezia, presso Curzio Navó 1538.)

An Messer Tizian, den Maler.

Es hat uns, mein trefflichster M. Tizian, Iuvenal, jener scharfsinnige Geissler und Tadel der Niederträchtigkeit seines Zeitalters, unter den andern seiner schönen Satyren eine hinterlassen, worin er einen Freund ermahnt, die Schlingen der Weiber zu fliehen, und bei dieser Gelegenheit von der Prachtliebe und den Lastern der Frauen ein so herrliches und vollendetes Bild entwirft, dass es ohne Frage die Wunder Eures göttlichen Genius zu übertreffen im Stande ist. Denn wenn die Bildnisse, welche aus der Vollendung der Kunst hervorgehen (welche Euch allein eigen ist,) sich soweit dem Wirklichen nähern, dass die Natur müssig sein könnte, wenn diese Athem hätten, so fehlt ihnen eben doch das Leben. In jenem Gemälde jedoch, von welchem ich rede, wird man nicht allein die Aehnlichkeit des Wirklichen und des Lebens gewahr, sondern dies Wirkliche und das Leben selber. Hievon habe ich ein Beispiel gesammelt und zusammengewoben, so gut ich's wusste und konnte, das übergebe ich Euch jetzt zu dem Zwecke, damit Ihr sehet, ob die guten Schriftsteller die Geheimnisse des Gemüthes mit der Feder ebensogut schildern können, als die guten Maler mit dem Pinsel dasjenige, was sich dem Blicke darbietet, oder ob sie nicht doch im Wettstreite mit Euch (der Ihr der allerwürdigste seid) bei weitem übertroffen werden. Sollte es Euch dann aber scheinen, dass darin mancher nicht völlig ehrsame Zug sei, der nicht in ganz deutlicher Weise der Mehrzahl der Männer geoffenbart werden kann (denn von den Frauen braucht man nicht zu besorgen, dass sie das Gemälde schauen wollten), so verdecket ihn und entfernt den Mackel, — wenn man von Mackel sprechen kann bei der Reinheit und Schönheit Eurer Farben.

Padua, am 10. October 1538.

Lodovico Dolce.

INDEX.

Akademie in Venedig, Gemälde Tizians in der 98, 102
Alberti L. B. 71
Alfons v. Ferrara 31, 103
Anselmi Ant. 8
Apollonius der Rhodier 11
Aretino Pietro 23, XI, XII
Ariosto 16.
Ariosto's Alcine 51, III.
Armenini 83
Assunta Tizian's 98
Ballini Gasp., Schreiben Tizians an 110
Barbarigo's Porträt gem. v. Tizian 91
Barbaro, Patriarch v. Aquileja 30
Bellini Gentile 97, 99
Bellini Giov. 7, 8, 97, 99
Bembo Giamm. 8
Bembo Pietro 8, 15
Bibiena, Cardinal 88
Bibiena Maria 88
Bona Sforza 25
Bramante 87
Brunnelleschi, Crucifix des 40
Buonarotti M. Angelo 9, 11, 12, 82, 84, 110
Cäcilia Rafael's 80
Caravaggio Polidoro 93
Carl I. v. England 105, 108
Carl V. 30, 104
Castiglione Baltasar 15, 37
Chigi Ant. 14
Cicogna E. A. VII
Contarini Aless. 30, Schreiben Tizian's an 108, Schreiben L. Dolce's an 108—110
Correggio Ant. 9, 92
Corsini-Gallerie 34
Danae Tizian's 34
Dolce Lodovico, Biographie V—XII, Schreiben Dolce's an Contarini 108—110, an G. Ballini 110—115, an Tizian 115—116
Domenichi L. 71
Donatello, Crucifix des 40
Dosso Dossi 17
Dürer Albrecht, Madonna 41, Erfindung 42
Euripides, übersetzt von Lodovico Dolce 43
Farnese, Cardinal und Ottavio Farnese 34
Farnesina, Fresken in d. 15
Federigo, Herzog v. Mantua 92, 103, 105
Fondaco de' Tedeschi 38, 89, 90, 91, 98
Fontego s. Ganassi
Franco B., gen. il Semolei 106
Franz I. v. Frankreich 104
Franz Maria, Herzog v. Urbino 103
Galathea Rafael's 79
Ganassi Silvestro, gen. del Fontego 21, 22
Gericht, jüngstes, M. Angelo's 76
Giolito VI. VII.

Giorgio da Castelfranco, Giorgione 9,
 Fresken in dem Fondaco de'
 Tedeschi 38, 89—91, 98
S. Giovanni e Paolo, Kirche, Gemälde
 Tizian's u. G. Billini's 7, 102
Giuglio C. 7
Giulio Romano 74, 92
Gold in Gemälden 52
Horaz, übersetzt von L. Dolce 44
Julius II., Porträt Rafael's 87
Kürzungen (Skurze) 61
Laocoon's Gruppe 79
Leo X., Porträt Rafael's 87, 103
Lomazzo P. über Tizian 96
Loredan Leonardo VI.
Loto (Lotto) Lorenzo 67
Louvre, Porträt Franz I. daselb. 104
Malerei, Definition der 20, Würde
 der 27, 34, Umfang des Gebiets
 der Malerei 36
Mantua Herzoge von 92
Marc Antonio Raimondi 74
Mazzola Girolamo 93
Morelli J. IX.
Morosini Fr. 30
Nachahmung der Natur 20, 55
Nackte Gestalt (Nuditäten) 82—84
Navagero Andrea 46, 104
Obscöne Bildwerke 73, 74, 76
Parmigianino (Fr. Mazzola) 93
Parmigiano Fr. 9
Paul III. Porträt v. Tizian 34
Perino del Vaga 10, 94
Pesaro, Madonna der Familie 100
Petrarca u. Dante 82
Philipp II. 31
Piombo, Sebastiano Luciano del 17, 19
Polidoro Virgilio 15
Poliziano Angelo 80
Pordenone, Licinio R. 10, 94, 95, 101
Proportionen des menschl. Körpers 54

Quintus Calaber 11
Rafael 9, 19 u. Dürer 42, Roxane 78,
 Galathea 79, Cäcilia 80, Verklä-
 rung Christi 80, 82, 84, Porträts
 87, Verhältniss zu Maria Bibiena 88
Raimondi, Marc Anton 74
Ridolfi über Tizian u. Giorgione 91,
 98, 99, 100
Roxane, Zeichnung Rafael's 78
Ruscelli VII, X
Sanazzaro Jacopo 46
Santo Andr. 9, 94
Sigismund I. König v. Polen 25
Tizian, Gemälde in S. Giovanni e
 Paolo 7, Aufenthalt in Rom 18,
 19, und Carl V., Porträt Carl V.
 30, Gemälde für Alfons v. Fer-
 rara 31, für Philipp II. 31, Por-
 trät Paul III. 34, Danae 34, 1,
 Fresken in dem Fondaco de' Te-
 deschi 38, Schlachtbilder 45, Ti-
 zian und Giorgione 89—92, als
 Colorist 96, Jugend und Lehrzeit
 97, 98, Assunta 98, Madonna
 Pesaro 100, Gem. d. h. Nikolaus
 100, 101, P. Pietro Martire 7, 102,
 Johannes in der Wüste 102,
 Venus und Adonis Gemälde 105,
 108
Vasari 7, 87, 89—91, 100, 104
Vatican, Gemälde Tizian's im 100
Venus und Adonis, Gemälde Tizian's
 für Carl I. 108
Verdizotti Giammaria 47
Vico Ennea gen. Parmegiano 32
Vinci, Lionardo da 33, Darstellung von
 Pferden 89
Vleuges Nic. VIII.
Zago Santo 87
Zuccato 97, Valerio und Francesco
Zucchi Sebastiano 97